GUÍA DE APOYO PARA SUPERAR CON ÉXITO LA ESO Y APROBAR EL A2 de inglés

GUÍA DE APOYO PARA SUPERAR CON ÉXITO LA ESO Y APROBAR EL A2 de inglés

Trabajo realizado por un grupo de profesoras en prácticas:
Saray Castillo, Vicenta Ivars, Laura Pérez, Lucía Ruiz Montiel.
Equipo coordinado por la profesora **Isabel Montiel Vaquer**

Isabel Montiel Vaquer

Enfocada a alumnos, profesores y padres

Master del Profesorado de Secundaria, Formación Profesional y Escuelas Oficiales de Idiomas. UMH Curso 2013-14

Número de Control de la Biblioteca del Congreso de EE. UU.:		2014912964
ISBN:	Tapa Blanda	978-1-4633-7005-3
	Libro Electrónico	978-1-4633-7003-9

Para realizar pedidos de este libro, contacte con:
Palibrio
1663 Liberty Drive
Suite 200
Bloomington, IN 47403
Gratis desde EE. UU. al 877.407.5847
Gratis desde México al 01.800.288.2243
Gratis desde España al 900.866.949
Desde otro país al +1.812.671.9757
Fax: 01.812.355.1576
ventas@palibrio.com
489842

Índice

SECCIÓN 1: Para padres, profesores y alumnos 7

Introducción 9

Competencias Básicas 13

SECCIÓN 2: PARA EL ALUMNADO 17

Breathing 18

Ficha de Planificación Mensual 20

Hojas de Evaluación, Autoevaluación y Coevaluación, también llamadas Rúbricas. 22

Ficha de Registro de Vocabulario 26

Ficha de Registro para Libros Leídos 28

Ficha de Registro de Páginas Web 30

Ficha de Registro Gramatical 32

Compendios de Gramática Básica 34

SECCIÓN 3: Para profesorado 47

Ejemplos de Unidades Didácticas 49

Programación 85

SECCIÓN 1

Para padres, profesores y alumnos

INTRODUCCIÓN

La Enseñanza Secundaria Obligatoria, es una etapa de transición sumamente importante, en la que los alumnos dejan de ser niños para convertirse en adolescentes. Es durante esta etapa, marcada por fuertes cambios y un largo proceso de adaptación, cuando profesores, padres y alumnos deben aunar esfuerzos para llegar a un entendimiento común y superar con éxito los exigentes retos de la ESO.

Esta guía orientativa pretende ser un punto de apoyo y servir de lugar de encuentro entre los protagonistas aquí implicados: profesores y padres, trabajando juntos para una buena orientación de los alumnos.

Los profesores encontrarán en ella útiles ideas para enseñar a sus estudiantes cosas tan básicas e importantes, **cómo aprender a ser autónomo y tener iniciativa propia,** cómo elaborar correctamente una portada y presentar un trabajo y cómo afrontar el reto de hacer una buena redacción, entre otras cosas importantes.

La cantidad de información de la que disponemos hoy en día es tan amplia que la clave del aprendizaje es saber dónde encontrarla y cómo interpretarla, eso es APRENDER A SER AUTÓNOMO Y QUERER SEGUIR APRENDIENDO. Todavía son muchos los profesores que utilizan otras metodologías y muchos más los padres que protegen a sus hijos intentando darles el trabajo masticado, pero en el mundo del siglo XXI el estudiante ideal es AUTÓNOMO y PROACTIVO, comprende que profesores los hay de todo tipo, buenos, regulares y malos y él debe aprender a salvar los obstáculos y hacerse dueño de su destino. Por supuesto, existe una minoría de alumnos a los que se debe atender por sus necesidades especiales, esta guía está enfocada a la gran mayoría e incluso encontrarán pautas que también pueden servir para programas especiales.

Los alumnos, por otra parte, encontrarán en este manual una ayuda extra gracias a las actividades complementarias y a los modelos de exámenes aquí propuestos. No se pretende sustituir al libro de texto, sino ser un apoyo para estudiantes AUTÓNOMOS Y PROACTIVOS que sirve tanto para los de primero, segundo, tercero o cuarto de ESO, y conseguir que estas orientaciones les permitan acabar la ESO con éxito en todas las asignaturas y con certificado A2 en idioma extranjero e idealmente acabar el Bachiller con certificado B2 (que deberán buscar en qué institución les interesa presentarse ya que los institutos sólo certifican A2).

Todo ello ha sido programado basándose en la adquisición de las llamadas **"Competencias Básicas"** (de las que hablaremos a continuación) y en función del **Marco Común Europeo de Referencia para las Lenguas (MCER).**

El MCER es el estándar europeo de referencia para medir el nivel de comprensión y expresión oral y escrita en una lengua, en nuestro caso, el inglés, y delimita las capacidades que el alumno debe controlar en cada uno de los niveles. Dicho marco establece una escala de 6 niveles comunes de referencia para la organización del aprendizaje de lenguas y homologación de los distintos títulos emitidos por las entidades certificadas.

Teniendo en cuenta la necesidad de orientar a los alumnos sobre el reconocimiento de las correspondientes titulaciones, a continuación se presenta una útil tabla de equivalencias de idiomas basada en el Marco Europeo de Referencia, en la que podrán consultar las principales equivalencias actualmente vigentes. Esta tabla, con información clara y abundante, pertenece a AGNC (Academic Global Network Consultancy), no obstante, no aparecen las equivalencias con la EOI española, que pueden consultar en el siguiente enlace.

http://internacional.umh.es/files/2014/01/Prueba-nivel-ingl%C3%A9s-1314.pdf

Tabla de niveles de inglés y equivalentes en los exámenes oficiales según Marco Común Europeo de Referencia de las Lenguas

	A Basic (Usuario Básico)		B Independant (Usuario Independiente)		C Proficient (Usuario Competente)		Top Score
CEF	A1	A2	B1	B2	C1	C2	
ALTE Levels	ALTE Breakthrough	ALTE 1 (Elementary)	ALTE 2 (Threshold)	ALTE 3 (Vantage)	ALTE 4 (Effective Operational Proficiency)	ALTE 5 (Mastery)	
Tiempo de Aprendizaje	90 – 100 horas aprox.	180 – 200 horas aprox.	350 – 400 horas aprox.	500 – 600 horas aprox.	700 – 800 horas aprox.	1000 – 1200 horas aprox.	
Escala de niveles	Beginner (principiante)	Elementary (elemental)	Pre Intermediate (pre-intermedio) / Lower Intermediate (intermedio)	Mid Intermediate (intermedio alto)	Upper Intermediate (avanzado)	Lower Advanced / Upper Advanced (avanzado alto) (proficiency)	
	0	1	4 5	6 7	8 9	10	
Cambridge		KET (Key English Test)	PET (Preliminary English Test) 40 – 50	FCE (First Certificate in English) 45 – 55	CAE (Certificate in Advanced English) 55 – 60	CPE (Certificate of Proficiency in English) 60 – 65	
TOEFL PBT (Papel)			310 – 449	450 – 501	550 – 677		677
TOEFL CBT (ordenador)			137		220 – 300		300
TOEFL IBT (Internet)			57 – 86	87 – 109	110 – 120		120
TOEIC	120 – 224	225 – 549	550 – 784	785 – 944	945 – 990		990
IELTS	1 – 2	3.0	3.5/4.0/4.5	5.0/5.5/6.0	6.5 – 7.0	7.5 – 9	9
BULATS	0 – 19	20 – 39	40 – 59	60 – 74	75 – 89	90 – 100	Top Score
Trinity GESE	Grade 2	Grade 3, 4	Grade 5 & 6	Grade 7, 8 & 9	Grade 10 & 11	Grade 12	
Trinity ISE		ISE 0	ISE I	ISE II	ISE III	ISE IV	

Exámenes Oficiales

Descripción

A2: Es capaz de comprender y utilizar expresiones cotidianas de uso muy frecuente así como frases sencillas destinadas a satisfacer necesidades de tipo inmediato. Puede presentarse a sí mismo y a otros, pedir y dar información personal básica sobre su domicilio, sus pertenencias y las personas que conoce. Puede relacionarse de forma elemental siempre que su interlocutor hable despacio y con claridad y esté dispuesto a cooperar.

B1: Es capaz de comprender los puntos principales de textos claros y en lengua estándar si tratan sobre cuestiones que le son conocidas, ya sea en situaciones de trabajo, de estudio o de ocio. Sabe desenvolverse en la mayor parte de las situaciones que pueden surgir durante un viaje por zonas donde se utiliza la lengua. Es capaz de producir textos sencillos y coherentes sobre temas que le son familiares o en los que tiene un interés personal. Puede describir experiencias, acontecimientos, deseos y aspiraciones, así como justificar brevemente sus opiniones o explicar sus planes.

C1: Es capaz de comprender una amplia variedad de textos extensos y con cierto nivel de exigencia, así como reconocer en ellos sentidos implícitos. Sabe expresarse de forma fluida y espontánea sin muestras muy evidentes de esfuerzo para encontrar la expresión adecuada. Puede hacer un uso flexible y efectivo del idioma para fines sociales, académicos y profesionales. Puede producir textos claros, bien estructurados y detallados sobre temas de cierta complejidad, mostrando un uso correcto de los mecanismos de organización, articulación y cohesión del texto.

C2: Es capaz de comprender con facilidad prácticamente todo lo que oye o lee. Sabe reconstruir la información y los argumentos procedentes de diversas fuentes, ya sean en lengua hablada o escrita, y presentarlos de manera coherente y resumida. Puede expresarse espontáneamente, con gran fluidez y con un grado de precisión que le permite diferenciar pequeños matices de significado incluso en situaciones de mayor complejidad.

ALTE - Association of Language Testers in Europe
CEF - Common European Framework
BULATS - Business Language Testing Service

CURSOS DE INGLÉS GENERAL
CURSOS DE PREPARACIÓN DE EXÁMENES DE CAMBRIDGE
CURSOS DE PREPARACIÓN DE EXÁMENES DE TOEFL / TOEIC
CURSOS DE INGLÉS PARA NEGOCIOS / PREPARACIÓN DE EXÁMENES DE IELTS

COMPETENCIAS BÁSICAS

Es probable que para muchos el término "Competencias Básicas" resulte desconocido o poco transparente, ya que este concepto se introduce una vez los alumnos alcanzan la etapa de la Enseñanza Secundaria Obligatoria. Para aquéllos que no conozcan exactamente su significado, la respuesta es muy sencilla: las Competencias Básicas son las habilidades, aptitudes y destrezas que los alumnos deben adquirir en su recorrido por la ESO para aprender un conjunto de saberes: "saber ser", "saber hacer", "saber convivir con los demás", y el "saber propiamente dicho". En este sentido, podríamos afirmar que el término "Competencias Básicas" sería equivalente a lo que popularmente conocemos como "sentido común".

En otras palabras, la Enseñanza Secundaria Obligatoria pretende formar a los estudiantes para que **aprendan a actuar, tanto en sus vidas profesionales como sociales, con capacidad de raciocinio, juicio propio, respeto hacia los demás y autonomía y capacidad de actuación y toma de decisiones.** El objetivo es ayudarles a convertirse en mejores ciudadanos y vivir en sociedad pacífica y respetuosa, en la que todos aprendamos a valorar los rasgos distintivos de los demás y la diferencia de ideas y opiniones.

La concepción del **currículo basado en competencias parte de una visión integradora de los aprendizajes:** el idioma se aprende al mismo tiempo que otros saberes, a menudo utilizando las mismas estrategias y recursos semejantes.

En el currículo de la enseñanza obligatoria las **Competencias básicas** aparecen como un elemento orientador para la selección del resto de elementos curriculares (objetivos, contenidos, criterios de evaluación) y, por lo tanto, como un **elemento nuclear** de los proyectos educativos y curriculares, y, en última instancia, de las programaciones didácticas de todas las áreas y materias del currículo.

El planteamiento de la actividad educativa desde las Competencias básicas exige un nuevo enfoque que afecta a todos los ámbitos de la acción educativa. La incorporación de las competencias básicas al currículo tiene sin duda implicaciones importantes para las prácticas educativas, que han de afectar a las metodologías didácticas, a las estrategias de evaluación y la propia organización escolar.

Las ocho Competencias Básicas propuestas por el marco de la Unión Europea son las siguientes:

1. **Competencia en comunicación lingüística**

2. **Competencia matemática**

3. **Competencia en el conocimiento y la interacción con el mundo físico**

4. **Tratamiento de la información y competencia digital**

5. **Competencia social y ciudadana**

6. **Competencia cultural y artística**

7. **Competencia para aprender a aprender**

8. **Autonomía e iniciativa personal**

En nuestro caso específico, en el que buscamos cambiar los paradigmas tradicionales en educación e implicar al alumnado en su propio proceso de aprendizaje, la pretensión central no es la de transmitir meras informaciones y conocimientos, sino la de provocar el desarrollo de Competencias Básicas, es decir, la formación del "sentido común" en nuestros estudiantes. En otras palabras, hacer **que éstos se conviertan en personas autónomas, participativas, responsables, con capacidad para aprender a aprender e iniciativa propia, siempre desde el enfoque del respeto y la empatía**. El objetivo es que participen en la construcción de la sociedad y el mundo en el que viven, algo para lo que imprescindiblemente necesitarán las lenguas extranjeras, especialmente el inglés.

Una de las claves del éxito se fundamentará en que los alumnos dispongan de **materiales auténticos y actividades basadas en la realidad**, de forma que finalicen la Enseñanza Secundaria Obligatoria preparados para afrontar situaciones reales y cotidianas. Para ello, desde aquí recordamos a los profesores la importancia de proponerles a sus alumnos actividades que integren diferentes destrezas y simulen tareas propias de la vida real, tales como, rellenar un formulario, leer un informe, interpretar una factura, leer y comprender las instrucciones de uso de cualquier electrodoméstico, redactar un currículum vítae, etc.

Por otro lado, el **cambio en los roles tradicionales tanto de profesores como alumnos** será un mecanismo importante a la hora de cambiar los paradigmas establecidos y motivar a los alumnos. El profesor no es el que lo sabe todo y el alumno el que debe reproducir lo que aquel le dice, sino que el profesor organizará el trabajo y el alumno deberá realizar el ESFUERZO de buscar e interpretar y luego reproducir. El profesor también enseñará al alumno a ser crítico y autocrítico, poniendo a su disposición cuestionarios de AUTOEVALUACIÓN y COEVALUACIÓN de modo que apoyándose unos a otros, huyan del individualismo y el autoengaño y alcancen un aprendizaje común y aprendan a realizar valoraciones desde un punto de vista lo más objetivo posible.

Dentro de este enfoque, los aprendizajes y resultados de los alumnos dejarán de observarse como hechos aislados, para llevar a cabo una evaluación global en la que la totalidad de los progresos y los conocimientos obtenidos se evalúen de forma conjunta y continua. **Todos los esfuerzos irán encaminados a ayudar a los alumnos a desarrollar mecanismos de autoaprendizaje y a adquirir herramientas que éstos puedan poner en práctica a lo largo de su existencia**. Para ello, los alumnos serán invitados a practicar la autocrítica, la reflexión y la empatía, de modo que se conviertan en modelos a seguir para generaciones futuras.

Hay quien piensa que con esta metodología los profesores se quitan el trabajo de encima, puesto que ellos sólo orientan y organizan, nada más lejos de la realidad, la enseñanza se convierte en verdaderamente significativa, puesto que, efectivamente, el ESFUERZO DE APRENDER lo realizan los estudiantes, cada uno según su capacidad y responsabilidad y estos aprendizajes de la vida les ayudarán a madurar y alcanzar la meta que de manera realista se propongan.

SECCIÓN 2

Para el alumnado

Copia el siguiente texto y apréndetelo de memoria, practícalo con mucha frecuencia y realiza las acciones que las frases indican.

BREATHING

*Close your eyes

*Look into the third eye

* Breathe in deeply

*Take oxygen to the brain

*Breathe out slowly

*push your shoulders down

*Breathe in deeply

*Breathe in deeply again

*Imagine a ball of yellow light in your body

*Breathe out slowly

*Drive the ball to the part of the body that feels uncomfortable

RELAX

(si debe tomar una decisión hazlo solamente después de haber practicado este ejercicio)

ORGANIZACIÓN

Consideramos importante en el mundo actual, aprender a usar una agenda y planificar nuestras actividades. Son muchos los alumnos que con doce años ya empiezan a cumplir con una serie de compromisos, deportes, música, padres con custodia compartida, etc. Realizar el esfuerzo de mantenerlo todo en la memoria genera confusión y caos. A continuación presentamos una serie de hojas que nos ayudarán, desde el primer día en el instituto, a optimizar nuestro tiempo y aprender a DESCANSAR de manera correcta (que no significa sólo dormir o estar tumbado en el sofá) y a RESPIRAR facilitando nuestra concentración y toma de decisiones.

Debemos comprar una carpeta con fundas de plástico que usaremos para nuestra "GUÍA DE APOYO". Las hay de distintos tipos, y TODAS son válidas.

En ella incluiremos las hojas que veremos a continuación:

1. FICHA DE PLANIFICACIÓN MENSUAL

Puedes diseñarlas en el ordenador, o con regla y bolígrafo. Escribe los meses y días de la semana en todos los idiomas que uses. Copia los números de un calendario oficial.

1. En una funda incluirás 11 hojas, correspondientes a los 11 meses de clase.

2. Usa esa visión general del mes para apuntar las actividades más importantes y las cosas que debes recordar. ¡Aunque también las apuntes en la agenda! ej. cita con el dentista, hora y lugar; entrenamiento los miércoles a las 17h (todos los miércoles). Fecha de entrega de los trabajos, etc.

Ejemplo:

MES: ....

Lunes/ Monday	Martes/ Tuesday	Miércoles/ Wednesday	Jueves/ Thursday	Viernes/ Friday	Sabado/ Saturday	Domingo/ Sunday

2. HOJAS DE EVALUACIÓN, AUTOEVALUACIÓN Y COEVALUACIÓN, también llamadas RÚBRICAS.

En otra funda incluirás las hojas de autoevaluación y coevaluación que los profesores te vayan entregando o que encuentres en internet para mejorar tu trabajo.

Por ejemplo al hacer exámenes orales de inglés qué es lo que se espera de ti.

Vemos algunos ejemplos:

EJEMPLO1

EXPRESIÓN ORAL Estudiante: ....Grupo: ...... Fecha: ....NOTA: ....

El estudiante	5	4	3	2	1	0
1) ... habla con claridad						
2) ... elige el vocabulario correcto						
3) ... pronuncia la 's de forma adecuada						
4) ... utiliza la gramática correctamente						
5) ...demuestra que comprende las preguntas y comentarios del profesor						
6) ... responde a todas las preguntas formuladas por el profesor						
7) ... se concentra en la tarea						
8) ... habla durante la cantidad requerida de minutos						
9) ... demuestra comprensión de su compañero / a						
10) ... responde adecuadamente a los comentarios de suscompañeros						

SPEAKING EXAM Student: .... Group: ...... Date: .... MARK: ....

The student	5	4	3	2	1	0
1) ... speaks clearly						
2) ... chooses the right vocabulary						
3) ...'s pronunciation is adequate						
4) ... uses grammar correctly						
5) ... shows understanding of teacher's questions and comments						
6) ... answers all questions posed by teacher						
7) ... stays on task						
8) ... speaks for the required amount of minutes						
9) ... shows understanding of his/her partner						
10) ... responds adequately to partner's comments						

EJEMPLO 2.

EXPRESIÓN ESCRITA Estudiante: .... Grupo: ...... Fecha: .... NOTA: ....

El estudiante	5	4	3	2	1	0
1)... Incluye las tres secciones de forma clara en párrafos separados y cumpliendo su función						
2) ... usa ideas claras y coherentes						
3) ... es muy original						
4) ... usa buena sintaxis						
5) ... usa buenos elementos de puntuación						
6) ... usa buenos elementos de cohesión						
7) ... tiene caligrafía inteligible						
8) ... respeta los márgenes						
9) ... entrega un trabajo limpio						
10) ... realiza la longitude requerida						

WRITING EXAM Student: .... Group: ...... Date: .... MARK: ....

The student	5	4	3	2	1	0
1)... includes three sections in separate paragraphs.						
2) ... uses clear and coherent ideas						
3) ... Is very original						
4) ... uses good syntax						
5) ... uses right punctuation						
6) ... uses good cohesive elements						
7) ... has intelligible calligraphy						
8) ... leaves clear edges						
9) ... delivers a clean job						
10) ... writes the required length						

Ejemplo 3.

Autoevaluación = SELFASSESMENT

NAME:.................................GROUP:................DATE:......................TIME:.........

Lee, reflexiona y puntúate de 0 a 10.	
1. Entiendo lo que es autonomía y no necesito que la profesora me amenace con la nota. Estudio para aprender.	1.
2. Hago el esfuerzo de aprender diez palabras nuevas cada día que tenemos inglés. Aunque la profe NO me lo pida.	2.
	3.
3. Practico "speaking en casa", tomándome la molestia de comprobar si aguanto 2 minutos sin parar.	
	4.
4. Me preparo lo que voy a decir en el "speaking" con antelación.	5.
5. Llevo un registro de vocabulario en hojas aparte.	6.
6. Apunto frases y pronunciación de las palabras que desconozco.	7.
7. Copio información de la pizarra aunque la profesora no lo pida.	8.
8. Abro la libreta, escribo la fecha y hora en mi cuaderno nada más entrar en clase.	9.
9. ¿Qué nota crees que te mereces por puntualidad?	10.
10. ¿Qué nota crees que te mereces por faltas de asistencia?	
11. Qué nota te pondrías al trabajo de:	11a)
a. "ICT in English" (tu aprovechamiento del inglés en el aula de informática)	11b)
b. Portadas de la libreta y contenido para encuadernar.	
	12.
Marca con una cruz encima de la palabra:	
* Creo que estoy aprendiendo: Nada no mucho un poco mucho	
* Creo que mi esfuerzo personal es : malo regular estoy satisfecho/a	
3. Esta evaluación, creo que merezco en inglés	

EJEMPLO 4. (coevaluación entre profesores)

Nombre del corrector:...

Basándote en los criterios señalados a continuación deberás calificar con:

SOBRESALIENTE (60%), NOTABLE (40%), BIEN (20%) SUFICIENTE (10%) O INSUFICIENTE.

Ítems a observar en el examinando:

1. Habilidad de comunicación (se expresa con soltura, tiene capacidad de síntesis y respeta el tiempo)

2. La SESIÓN/actividad es apropiada para el nivel y edad de los alumnos y no parece larga ni se queda corta

3. La contextualiza dentro de una UD, nivel, momento del curso, etc.

4. El contenido es estimulador.

5. Incluye elementos que resultan originales (demuestra iniciativa personal).

Nombre del estudiante	observaciones	*Calificación*
1.		
2		
3		
4		
5		
6		
7		

FICHA DE REGISTRO DE VOCABULARIO

3. HOJAS DE VOCABULARIO.

Otra funda de tu cuaderno debes dedicarla a tus listas y actividades que haces para aprender las palabras nuevas.

Puedes usar varias fundas para almacenar vocabulario, en una tendrás la lista en otra sopas de letras que hagas por tu cuenta, en otra, picture-dictionaries, en otra actividades de relacionar (match the Spanish word to the English word), etc.

No olvides que el vocabulario hay que USARLO, se aprende cuando "haces cosas con él", como usar post-its con las palabras que no consigues aprender y pegarlos en el espejo del baño.

Sé CREATIVO, inventa tus propias maneras de aprender el vocabulario, por extrañas que te parezcan.

VOCABULARY LIST		PAGE:
English	*Spanish*	*Observations (pronunciation, sentences, false friends, etc.)*

FICHA DE REGISTRO PARA LIBROS LEÍDOS

HOJAS PARA LIBROS DE LECTURA (de cualquier asignatura, no importa el idioma, ni si la lectura es obligada o libre)

En otra funda incluye los comentarios de los libros que vas leyendo y aunque no sean de inglés, escribe una ficha TAMBIÉN en inglés. Busca modelos en internet y diseña tu propio modelo. Te mostramos un ejemplo:

Name:……………………………………………DATE:…………………………………………

Group:……………………………

PRESENTATION OF THE BOOK

INTRODUCTION

WHAT IS THE TITLE?

WHO IS THE AUTHOR?

WHAT TYPE/KIND OF THE BOOK IS IT?

WHO ARE THE MAIN CHARACTERS?

WHAT IS THE PLOT/SUMMARY?

WHERE DOES THE ACTION OF THE BOOK TAKE PLACE?

WHEN DOES IT TAKE PLACE?

CONCLUSION

WHAT IS YOUR OPINION?

WOULD YOU RECOMMEND IT TO FRIENDS?
HOW MUCH WOULD YOU GIVE THE BOOK (FROM 1 TO 10)

FICHA DE REGISTRO DE PÁGINAS WEB

En otra funda de tu cuaderno debes tener una hoja para apuntar las páginas que te van diciendo, que puedan ser de interés para mejorar en tus exámenes.

PÁGINAS WEB INTERESANTES PARA MEJORAR MIS RESULTADOS ACADÉMICOS

www.wordreference.com	Diccionario (siempre que esté delante del ordenador debo tener esta página minimizada)
www.elblogdelingles.blogspot.com	Tiene mucha información gramatical y de otro tipo, explicada de forma clara.
http://freerice.com/#/english-vocabulary/1405	Para practicar vocabulario con juegos y además ser solidario
www.voki.com	Divertido para pasar textos a audio y escucharme
http://ororo.tv/es	Muuuy interesante para ver películas y series en inglés y a la velocidad que yo quiera para poder entender los diálogos

FICHA DE REGISTRO DE PÁGINAS WEB

PÁGINAS WEB INTERESANTES PARA MEJORAR MIS RESULTADOS ACADÉMICOS

FICHA DE REGISTRO GRAMATICAL

A continuación incluimos una "ficha de registro gramatical". Todas aquellas aclaraciones que haga el profesor o que tú descubras por tu cuenta, relacionadas con cuestiones gramaticales, debes apuntarlas de puño y letra en una ficha de este tipo e incluirla en otra funda de tu libreta. Usa una funda por ficha, no las amontones todas en una carpetilla de plástico, se trata de que las veas de forma clara, que no necesites sacarlas de las fundas.

Después del modelo en blanco hemos incluido información sobre los principales aspectos de la gramática del inglés básico. Las anotaciones están hechas por alumnos así que puede haber algún error y hemos incluido dos formas explicar la gramática, elige la que mejor te aclare a TI los conceptos. Tú debes elaborar tus propias fichas con información de esta guía, de tus libros de texto o de páginas de Internet. No se trata de que copies toda la gramática como la pone en los libros, sino de que apuntes cosas que te sirven a TI para aclarar conceptos. Por supuesto, puedes usar tu lengua materna para hacer las aclaraciones.

FICHA DE REGISTRO GRAMATICAL

GRAMMAR STRUCTURE	Af.	
	Neg.	
	Int.	

GRAMMAR STRUCTURE	Af.	
	Neg.	
	Int.	

COMPENDIOS DE GRAMÁTICA BÁSICA

Grammar Structure	Present Simple	**Af.**	I play basketball on Tuesdays
		Neg.	They do not come to visit me often
		Int.	Do you work on Saturdays?

Recuerda!

-      Escritura: **HE/SHE/IT** (3ª persona singular, forma afirmativa) se añade **−s** al verbo.
o   Ej. I work – He work**s**

✓   Si el verbo acaba en –ss, -sh, -ch, -x, -o se añade **−es**
o   Ej. I miss – He miss**es**, I go – He go**es**

✓   Si el verbo acaba en vocal + y se añade **−s**
o   Ej. I play – He play**s**

✓   Si el verbo acaba en consonante + y, se pierde la y, se añade **−ies**
o   Ej. I try – He tr**ies**

⟶   Existen **marcadores de tiempo** que te ayudan a identificar el present simple:
every day/month/hour/summer/morning/evening, usually, often, sometimes, always, etc., on Tuesdays, on Thursdays, etc.

Recuerda! Los **adverbios de frecuencia** se colocan **delante** de verbo **principal** pero **detrás** del verbo **to be.** Ej. He often visits his friends at the weekend. Laura is never late for work

Countable / Uncountable		Countable	Uncountable
	Af.	A lot of chairs/ lots of chairs/ a **few** chairs/some chairs	A lot of cheese/ lots of cheese/a **little** cheese/ some cheese
	Neg.	Not **many** chairs/any chairs	Not **much** cheese/any cheese
	Int.	How **many** chairs are there?	How **much** cheese is there?

Countable	Uncountable
- Nombres que **podemos contar.** Tienen singular y plural. Ej. One chair, two chair**s**	- Nombres que **no podemos contar.** Tienen singular
- Singular: **_a/an_**: ✓ a + s. consonántico: a hat, a dog ✓ an + s.vocálico: an hour, an umbrella - Plural: **_some_**. Ej. There are some people	- Utilizamos **_some_**

Present Continuous Verbo **to be** (am/is/are) + v. principal-**ing**	**Af.**	I **am** working / She **is** working/ They **are** working
	Neg.	I **am not** working / She **is not** working/ They **are not** working
	Int.	**Am I** working? / **Is she** working? / **Are they** working?

Recuerda!

-       Escritura:
✓   La mayoría añaden **–ing** al verbo principal. Ej. talk – talk**ing**, work – work**ing**

✓   Los verbos que acaban en **–e**, la pierden. Ej. mak**e** – mak**ing**, tak**e** – tak**ing**

✓   Los verbos que acaban en **_vocal + consonante_** y el acento recae en la última síbala, **_doblan_**
       consonante + ing. Ej. si**t** – si**tting**, beg**in** – begi**nning** ¡pero! cover – covering (acento primera
       sílaba)

⟶ Existen **marcadores de tiempo** que te ayudan a identificar el present continuous:
Now, at the moment, at present, nowadays, these days, today, tonight, tomorrow, next month, etc.

Past Simple	**Af.**	Verbos regulares **–ed**. I played the guitar yesterday at the bar
	Neg.	Auxiliar (**did**) + infinitivo I did not speak with Marta about the party
	Int.	**Did +I/you/he/she/it/we/they/ + infinitive** Did you go to see you grandmother?

¡Cuidado con los verbos irregulares!

⟶ Utilización de **used to**: para hábitos que ocurrían en el pasado con regularidad pero ya no. Ej.
Paco **used to** walk to school/ he walk**ed** to school

⟶ Existen **marcadores de tiempo** que te ayudan a identificar el past simple:
Yesterday, last night, three weeks ago, in 2007, last Monday, etc.

Past Continuous **Was/were +ing**	**Af.**	**I/he/she/it was** runn**ing** **We/you/they were** runn**ing**
	Neg.	I/he/she/it wasn't preparing dinner We/you/they weren't preparing dinner
	Int.	Was I/he/she/it driving when you called? Were we/you/they talking when she called?

⟶ **Marcadores de tiempo:**
While, as, all day/night/morning/evening/ yesterday/when, etc.

Present Perfect **Have/has + participio pasado (past simple)**	**Af.**	**I/you/we/they have** arriv**ed** **He/she/it has** arriv**ed**
	Neg.	I/you/we/they haven't arrived He/she/it hasn't arrived
	Int.	Have I/you/we/they arrived? Has he/she/it arrived?

Cuidado con:

-        **Stative verbs: be, have, like, known,** etc. Pueden ser acciones que empezaron en el pasado y aún continúan en el presente

✓   Has **gone (to),** se ha ido y todavía no ha vuelto:

Ej. Pablo has gone to the bakery (ha ido a la panadería y todavía no ha vuelto).

✓   Has **been (to),** se ha ido y ha vuelto:

Ej. She has been to Valencia (se fue y volvió.)

✓   Has **been in:**

Ej. They have been in Barcelona for five months. (Actualmente están en Barcelona).

✓   Have **known:**

Ej. I have known Lucía since 2005 (Conozco a Lucía desde 2005).

⟶ **Marcadores de tiempo:** Just, already, yet, for, since, ever, never, etc.

Present Perfect Continuous **Have/has + been + v.-ing**	**Af.**	I/you/we/they have been eating salad all week He/she/it has been eating salad all week
	Neg.	I/you/we/they haven't been getting fit He/she/it hasn't been getting fit
	Int.	Have I/you/we/they been practicing with the saxophone? Has he/she/it been practicing with the saxophone?

Se utiliza para enfatizar una acción que comenzó en el pasado y continúa en el presente

⟶ **Marcadores de tiempo:** Since, for, how long, etc.

Future Simple Suj. + **will** + v.principal	**Af.**	You will come to my house tomorrow
	Neg.	You will not/won't come until next week
	Int.	Will you come with me on summer holidays?

⟶ **Marcadores de tiempo:** Tomorrow, tonight, son, in a week/month/year, the day after tomorrow, next week/month/year, etc.

Be going to	Af.	I **am going to leave** in a couple of minutes
Suj. + v. **to be** (am/is/are) + **going to** + infinitivo	Neg.	He is not going to leave until he finishes reading
	Int.	Are you going to leave soon?

Generalmente se utiliza con **intenciones**

Future Continuous	Af.	I will be eating at 14.00pm
	Neg.	You won't be eating at 17.00pm
Suj.+ **will** + **be** + v.-ing	Int.	Will she be eating at 20.00pm?

Recuerda! Se utiliza para acciones que estarán en progreso en un momento del futuro.

Future Perfect	Af.	I will have left by then Paula
Suj. + **will have** + **past simple**	Neg.	We won't have left when Marta arrives
	Int.	Will you have finished working by 14.00pm?

Recuerda! Se utiliza para una acción que habrá finalizado antes que otra, ambas en el futuro. Cuidado con verbos irregulares.

Past Perfect	Af.	You had arrived by the time she came
Suj. + **had** + **past simple**	Neg.	Before she had not got enough time for you
	Int.	Had he left already?

Recuerda! Se utiliza para una acción que ha terminado antes que otra, ambas en el pasado. ⟶ **Marcadores de tiempo**: before, after, already, just, for, since, until, when, by the time, never, etc.

Comparativo – Superlativo	- **Comparativo:** comparar una cosa con otra. Normalmente se utiliza ***than*** detrás del adjetivo comparativo. Ej. This table is bigger than the one in the other class - **Superlativo:** comparar una cosa con el resto del mismo grupo. - Se puede utilizar **less/ the least** como opuesto a **more/the most.**	
	Adjetivo	Comparativo
Monosílabos y bisílabos Acabados en -y	Long Cold Busy Easy	Long**er** Cold**er** Bus**ier** Eas**ier**
Vocal + consonante (dobla consonante)	Thin	Thi**nn**er
Más de dos sílabas	Patient Interesting Generous	**More** patient **More** interesting **More** generous

Conditionals Oración = hipótesis (if-clause) + resultado		Recuerda! Se separan con una coma.
	If-clause	Main clause
Type 0 Verdades absolutas	If/when + present simple	Present simple ej. If I drop eggs they break
Type 1 Hecho real, probable que ocurra	If + present simple	Future simple, imperative, can/must/may, etc. + infinitive ej.If I study, I will pass
Type 2 Situación imaginaria, consejos	If + past simple	Would/could/might/ + infinitive ej. If I won the lotery, I would buy a car
Type 3 Situación imaginaria en el pasado, crítica	If + past perfect	Would/could/might/ + have +past participle ej. If I had won the lotery; I would have bought a car

TALK ABOUT IMPERSONAL HABITS AND FACTS

SIMPLE PRESENT:

AFFIRMATIVE	Passive subject	be	frequency adverb	Verb (3rd column or -ed)	
Impersonal habit	Paella	is	often	eaten	on Sundays
Fact	Tables	are	always	made	of wood
NEGATIVE	Passive subject	Be not	frequency adverb	Verb (3rd column or -ed)	
Impersonal habit	Paella	is not	often	eaten	on Mondays
Fact	Tables	are	never	made	of cardboard
INTERROGATIVE	be	Passive subject	frequency adverb	Verb (3rd column or -ed)	
Impersonal habit	Is	Paella	often	eaten	on Sundays?
Fact	Are	Tables	always	made	of wood?

TALK ABOUT PAST IMPERSONAL EVENTS OR REPORTED NEWS

SIMPLE PAST:

AFFIRMATIVE	Passive subject	be	Verb (3rd column or -ed)	by	Active subject
Reported news	The thief	was	caught	by	the police
	Passive subject	be	Verb (3rd column or -ed)		
Impersonal event	Anne	was	elected	best swimmer	
NEGATIVE	Passive subject	Be not	Verb (3rd column or -ed)		
Reported news	The thief	was not	caught	by	the police
	Passive subject	Be not	Verb (3rd column or -ed)		
Impersonal event	Anne	was not	elected	best swimmer	
INTERROGATIVE	Be	Passive subject	Verb (3rd column or -ed)		
Reported news	Was	The thief	caught	by	the police?
	be	Passive subject	Verb (3rd column or -ed)		
Impersonal event	Was	Anne	elected	best swimmer?	

POSSIBLE OR REAL CONDITIONS

FIRST CONDITIONAL:

POSSIBLE OR REAL CONDITIONS	**If + simple present**	**Will + verb base form**
	If Anne trains harder,	*she will win the competition*
FACTS	**If + simple present**	**Simple present**
	When Anne trains harder,	*she wins competitions*
ORDERS	**If + simple present**	**Imperative**
	If Anne takes part in the competition,	*support her!*

IMAGINARY CONDITIONS

SECOND CONDITIONAL:

IMAGINARY CONDITIONS	**If + simple past**	**would + verb base form**
	If Anne won the medal,	*she would be very happy*

PAST CONDITIONS

THIRD CONDITIONAL:

PAST CONDITIONS	**If + past perfect**	**would + have + verb past participle form**
	If Anne had seen the competition last night,	*she would have enjoyed it*

TALK ABOUT HABITS, LIKES AND DISLIKES, STATES AND ROUTINES

SIMPLE PRESENT:

AFFIRMATIVE	subject	frequency adverb	verb		
	I	always	train	in the mornings	
	subject	frequency adverb	verb (s)		
	Anne	always	trains	in the mornings	
NEGATIVE	subject	don't	frequency adverb	verb	
	I	don't	always	train	in the mornings
	subject	doesn't	frequency adverb	verb	
	Anne	doesn't	always	train	in the mornings
INTERROGATIVE	do	subject	frequency adverb	verb	
	Do	you	always	train	in the mornings?
	does	subject	frequency adverb	verb	
	Does	Anne	always	train	in the mornings?

TALK ABOUT FINISHED EVENTS IN THE PAST

PAST SIMPLE:

AFFIRMATIVE	subject	Regular verb			
	I	trained	yesterday morning		
	subject	Irregular verb (2nd column)			
	Anne	went	to the swimming pool	yesterday morning	
NEGATIVE	subject	didn't	verb		
	I	didn't	train	yesterday morning	
	subject	didn't	Irregular verb		
	Anne	didn't	go	to the swimming pool yesterday morning	
INTERROGATIVE	did	subject	verb		
	Did	you	train	yesterday morning?	
	did	subject	Irregular verb		
	Did	Anne	go	to the swimming pool yesterday morning?	

TALK ABOUT NOT FINISHED EVENTS IN THE PAST OR RECENT ACTIONS

PRESENT PERFECT:

AFFIRMATIVE	subject	have	adverb	Regular verb (-ed)	
	I	have	just	trained	
	subject	has	adverb	Irregular verb (3rd column)	
	Anne	has	just	gone	to the swimming pool
NEGATIVE	subject	Haven't	Regular verb (-ed)	frequency adverb	
	I	haven't	trained	yet	
	subject	Hasn't	Irregular verb (3rd column)	frequency adverb	
	Anne	hasn't	gone	to the swimming pool	yet
INTERROGATIVE	have	subject	frequency adverb	Regular verb (-ed)	
	Have	you	just	trained?	
	has	subject	frequency adverb	Irregular verb (3rd column)	
	Has	Anne	already	gone	to the swimming pool?

TALK ABOUT INSTANT DECISIONS AND PREDICTIONS

FUTURE SIMPLE:

AFFIRMATIVE		subject	Will	verb
	OK,	I	will	train!
NEGATIVE		subject	Will	verb
	OK,	I	won't	train!
INTERROGATIVE	Will	subject	verb	
	Will	you	train?	

TALK ABOUT TEMPORARY ACTIONS

PRESENT CONTINUOUS:

AFFIRMATIVE	subject	be	verb (-ing)		
	I	am	training	now	
	subject	be	verb (-ing)		
	Anne	is	going	to the swimming pool	now
NEGATIVE	subject	Be not	verb (-ing)		
	I	am not	training	now	
	subject	Be not	verb (-ing)		
	Anne	isn't	going	to the swimming pool	now
INTERROGATIVE	be	subject	verb (-ing)		
	Are	you	training	now?	
	be	subject	verb (-ing)		
	Is	Anne	going	to the swimming pool	now?

TALK ABOUT ACTION AT A PARTICULAR MOMENT IN THE PAST

PAST CONTINUOUS:

AFFIRMATIVE	subject	be	verb (-ing)	
	You	were	training	at 9:00 yesterday morning
	subject	be	verb (-ing)	
	Anne	was	going	to the swimming pool at 9:00 yesterday
NEGATIVE	subject	Be not	verb (-ing)	
	You	were not	training	at 9:00 yesterday morning
	subject	Be not	verb (-ing)	
	Anne	wasn't	going	to the swimming pool at 9:00 yesterday
INTERROGATIVE	be	subject	verb (-ing)	
	Were	you	training	at 9:00 yesterday morning?
	be	subject	verb (-ing)	
	Was	Anne	going	to the swimming pool at 9:00 yesterday?

TALK ABOUT ACTIONS HAPPENED BEFORE OTHER ACTIONS IN THE PAST

PAST PERFECT:

AFFIRMATIVE	subject	have	adverb	Regular verb (-ed)	
	I	had	just	train**ed**	
	subject	has	adverb	Irregular verb (3rd column)	
	Anne	has	just	gone	to the swimming pool
NEGATIVE	subject	Haven't	Regular verb (-ed)	frequency adverb	
	I	haven't	train**ed**	yet	
	subject	Hasn't	Irregular verb (3rd column)	frequency adverb	
	Anne	hasn't	gone	to the swimming pool	yet
INTERROGATIVE	have	subject	frequency adverb	Regular verb (-ed)	
	Have	you	just	train**ed**?	
	has	subject	frequency adverb	Irregular verb (3rd column)	
	Has	Anne	already	gone	to the swimming pool?

TALK ABOUT INTENTIONS AND ACTIONS THAT HAPPENED

GOING TO:

AFFIRMATIVE	subject	be	Going to	verb	
	I	am	go**ing to**	train	
	subject	be	Going to	verb	
	Anne	is	go**ing to**	go	to the swimming pool
NEGATIVE	subject	Be not	Going to	verb	
	I	am not	go**ing to**	train	
	subject	Be not	Going to	verb	
	Anne	isn't	go**ing to**	go	to the swimming pool
INTERROGATIVE	be	subject	Going to	verb	
	Are	you	go**ing to**	train?	
	be	subject	Going to	verb	
	Is	Anne	go**ing to**	go	to the swimming pool ?

TALK ABOUT HABITS IN THE PAST

USED TO:

AFFIRMATIVE	subject	used to	verb		
	I	used to	train	when I was 13	
	subject	used to			
	Anne	used to	go	to the swimming when she was 13	
NEGATIVE	subject	didn't	use to	verb	
	I	didn't	use to	train	when I was 13
	subject	didn't	use to	verb	
	Anne	didn't	use to	go	to the swimming pool
INTERROGATIVE	did	subject	use to	verb	
	Did	you	use to	train	?
	did	subject	use to	verb	
	Did	Anne	use to	go	to the swimming pool?

ADJECTIVE	COMPARATIVE		SUPERLATIVE	
SHORT	Adj. + er than		The Adj. + est	
	Anne is **taller than** Mathew		Anne is **the tallest** in the class	
LONG	More Adj. than		The most Adj.	
	Anne is more **energetic than** Mathew		Anne is **the most energetic** in the class	
IRREGULAR	Good ⟶ better than	Bad⟶ worse than	Good ⟶ the best	Bad⟶ the worst
	Anne is a **better** swimmer **than** Mathew	Anne is a **worse** singer **than** Mathew	Anne is **the best** swimmer in the class	Anne is **the worst** singer in the class

SECCIÓN 3
Para PROFESORADO

EJEMPLOS DE UNIDADES DIDÁCTICAS

En el material que encontraremos a continuación, nada es correcto o incorrecto. Es una muestra más de que "cada maestrillo tiene su librillo" y de que este trabajo ha sido coordinado por una persona ENPL (ver www.16personalities.com)

A continuación veremos diferentes actividades, unidades o sesiones explicadas de diferentes formas. Diseña tu propia ficha (=lesson plan) y elige las actividades que quieras practicar con tus alumnos, adáptalas a tu ficha para ir creando tu propio "librillo".

Uno de los modelos más sencillos, útiles y que puede servir para memorias pedagógicas en programas europeos es la ficha 1 (=lesson plan 1).

LESSON PLAN 1 – CLIL "ICT & English- Reading Promotion"

TÍTULO DE LA ACTIVIDAD/ UNIDAD: "Design a Reading Card- Ficha de lectura"

NOMBRE DEL PROFESOR/A: Isabel Montiel Vaquer

DEPARTAMENTO: Inglés

ALUMNOS: (puede adaptarse a cualquier nivel o tamaño de grupo)

   Número de alumnos: 30

   Edad: 14-15 años

   Curso: 3º ESO

SESIONES : 2 horas de clase

MATERIAL: Computer room, books for reading.

OBJETIVOS:

- ✓ Trabajar tablas en lliurex o windows.
- ✓ Traducir el contenido de una ficha de lectura.
- ✓ Hablar en lengua extranjera sobre la información recogida en la ficha. "Talk about the books you have read".
- ✓ Colocar las fichas en el tablón para intercambiar información sobre libros leídos.

DESARROLLO DE LA ACTIVIDAD:

PRIMERA SESIÓN

1. Repartir libros de lectura para leer en casa o clase, según programación.
2. (por parejas)Hacer preguntas lógicas para obtener información sobre el libro.
3. Dictar (o dejar libertad) preguntas en inglés que deberán aparecer en la ficha.
4. Leer en clase y terminar en casa, rellenar información en la libreta para llevarla preparada al aula de informática.

La segunda sesión tendrá lugar una vez finalizado el plazo de lectura (aproximadamente una semana)

SEGUNDA SESIÓN

- • Trabajar en el aula de informática (no es necesaria conexión a internet). Si hay conexión asegurarse de que todo el mundo conecta y minimiza www.wordreference.com) Diseñar hoja básica de control sobre el libro de lectura en lengua extranjera.
- • Entregar a la profesora, una ficha rellena con información sobre el libro leído y otra en blanco para exponer en tablón y votar cuál es el mejor diseño

EVALUACIÓN FORMAL: Puede ser prueba oral o escrita sobre el libro leído.

COMPLEMENTARY TEACHING UNIT 1: "DO IT YOURSELF: HOW TO BECOME AUTONOMOUS"

This teaching unit has been specially programmed for teaching students in Compulsory Secondary Education how to become autonomous and do things by themselves.

The activities herein described are planned for **50 minute lessons** and are based on an innovative methodology, which offers students the possibility of working in a motivating context, thus making the learning process easier.

Background

This teaching unit is designed to be implemented on the first term of the academic year and reinforced during the rest of the academic terms. Before developing it, students should have previously received a talk from the teacher on the importance of being independent and learning how to do things by themselves. This lesson plan should be supported with daily activities in which students will prove their abilities to act by themselves and do things on their own initiative.

EXTRA TEACHING UNIT 1: "D.I.Y: HOW TO BECOME AUTONOMOUS"	ENGLISH LANGUAGE
	LEVEL: CSE 1ST SEMESTER

THIS TEACHING UNIT IS MADE UP BY 5 SESSIONS TO BE COMBINED WITH THE REGULAR TEACHING UNITS IN THE ACADEMIC YEAR. THE DURATION OF EACH SESSION IS 50 MINUTES. THEY WILL BE DEVELOPED IN THE ENGLISH CLASSROOM & THE COMPUTER ROOM.

TEACHING OBJECTIVES	➢ Learning how to become autonomous and do things by themselves ➢ Simulating real-life activities ➢ Learning how to fill in a form ➢ Learning how to apply for a job and write a Curriculum Vitae ➢ Learning how to interpret and understand invoices ➢ Learning the benefits of ICT ➢ Learning how to work in groups
KEY COMPETENCES	➢ Competence in linguistic communication ➢ Competence in processing information and use of ICT ➢ Competence in social skills and citizenship ➢ Learning to learn ➢ Autonomy and personal initiative

ACTIVITIES

✓ **1st session:** <u>Group work</u>: How to fill in correctly paper and electronic forms: students will have to fill in paper and online applications to register themselves, for instance, as users of the school library, etc. **(50') (Filling in/out paper and electronic forms)**

✓ **2nd & 3rd sessions:** <u>Group work</u>: Students will have to write their own *curriculum vitae*/resumé and apply online for any of the different jobs included in the fictitious job vacancies advertised in the class blog **(50'+ 50') (Writing a CV and applying for a job). Teachers will have to create fictitious job offers to work with in these lesson plans.**

✓ **4th session:** <u>Group work</u>: Learning how to interpret and understand invoices. Students will be given different invoices and they will have to select the relevant information and understand what is being said in the invoices. **(50') (Interpreting invoices)**

✓ **Final task: Group Project: In their free time, students will have to visit different mobile companies and ask for estimates for land line and mobile telephones. Groups will have to do a market research and show the corresponding results in class. (50') (Market research).**

MATERIALS	EVALUATION CRITERIA	METHODOLOGY
✓ Digital Blackboard with Internet connection ✓ Worksheets ✓ Computer room	✓ Group work assessment ✓ Progression achieved	✓ Communicative and eclectic methodology combining: ▪ Practical and theoretical Approach; Group work

SPECIAL NEEDS	Additional support for students with learning difficulties

HOMEWORK: If students have not been able to finish their CVs in class, they will have to finish them at home. They will also have to use their free time to do the market research and prepare the results (Final task).

CLIL	Collaboration with the other Teaching Departments in order to help students to learn how to become autonomous and do things by themselves
CROSS-CURRICULAR TOPICS	➢ Learning how to deal with real-life situations

Session 1: Teachers are encouraged to provide students with different forms to fill in and also to create different forms to work with through the English Class Blog. First of all, students can begin by filling in the forms in group and progressively start to do it on their own.

We recommend teachers to ask students to fill in different forms at least once a month, with the aim of helping them feeling confident when dealing with document. (Teachers can work with different examples of forms: *online job application forms, university registration forms, medical insurance forms, forms to participate in a summer camp, concert, festivity, etc.*).

Session 2 and 3: Teacher will give students different clues to write and present a successful curriculum vitae/resumé. We recommend teachers to create a fictitious list of job vacancies in the English Class Blog with the aim of motivating students to write their own curriculums and apply for the pretended jobs.

Session 4: Teachers will provide students with different invoices in order to allow them to interpret and understand this kind of documents. Students should be taught about concepts as *VAT, Taxes, Gross and Net Amounts, etc.*

Final Task: Students will be given some clues to do a market search and present the corresponding results in a computer presentation (Power Point, Prezzi, etc.). The topic herein proposed (mobile phones) is just an example and can be replaced by any other, if preferred by the teacher or students.

All the activities herein proposed can be alternated with the activities included in the teaching units programmed for the academic year in question.

COMPLEMENTARY TEACHING UNIT 2: "HOW TO PRESENT A SUCCESFUL TITLE/FRONT PAGE (PORTADA) AND HAND IN AN ATTRACTIVE PIECE OF WORK"

This teaching unit has been specially programmed to teach students how to present accurate title/front pages and make their pieces of work attractive to the readers.

The activities herein described are planned for **50 minute lessons** and can be implemented throughout the whole academic year, although it would be advisable to teach them during the first term, with the aim of allowing students to put into practice what they have learnt.

Background

Before developing this teaching unit, students should have previously received a talk from the teacher on the importance of presenting accurate pieces of work and attractive layouts when handing in homework or other activities. This lesson plan should be supported with daily activities in which students will show their improvements and progression.

EXTRA TEACHING UNIT 2: "HOW TO PRESENT A SUCCESSFUL TITLE/FRONT PAGE *(PORTADA)*"	ENGLISH
	LEVEL: CSE 1ST SEMESTER

THIS TEACHING UNIT IS MADE UP BY 3 SESSIONS TO BE COMBINED WITH THE REGULAR TEACHING UNITS IN THE ACADEMIC YEAR. THE DURATION OF EACH SESSION IS OF 50' AND THEY WILL BE DEVELOPED IN THE ENGLISH CLASSROOM & THE COMPUTER ROOM.

TEACHING OBJECTIVES	➢ Learning how to present a piece of work correctly ➢ Learning how to create a successful title/front page ➢ Learning the benefits of ICT ➢ Learning how to work in groups ➢ Learning how to become autonomous and do things by themselves
KEY COMPETENCES	➢ Competence in linguistic communication ➢ Competence in processing information and use of ICT ➢ Competence in social skills and citizenship ➢ Learning to learn ➢ Autonomy and personal initiative

ACTIVITIES

✓ **1st session:** <u>Group work</u>: Students will be given some keys to create title/front pages either in paper and electronic format. They will also given some clues to find different templates online **(50')** (**How to create title/front pages**)

✓ **2nd session:** <u>Individual work</u>: Students will be given some examples and pieces of advice on how to correctly present an academic piece of work (layout, margins, font, paragraphs, index, introduction, body, conclusions, bibliography, etc.) **(50'+ 50')** (**Writing a CV and applying for a job**). **Teachers will have to create fictitious job offers to work with**

✓ **Final task to be delivered at the end of this teaching unit: Students will have to present a 10-page academic paper (including an index, an introduction, the body, the conclusions and the bibliography). In order to motivate them, they will be able to choose a topic of their own interest.**

MATERIALS	EVALUATION CRITERIA	METHODOLOGY
✓ Digital Blackboard with Internet connection ✓ Examples of layouts ✓ Worksheets ✓ Computer room	✓ Group work assessment ✓ Individual work ✓ Progression achieved	✓ Communicative and eclectic methodology combining: ▪ Practical and theoretical Approach; Group work

HOMEWORK: Students will have to finish part of the final task at home.

CLIL	Collaboration with the other Teaching Departments in order to help students to learn how to become autonomous and do things by themselves
CROSS-CURRICULAR TOPICS	➢ Learning how to deal with real-life situations

Session 1, 2 and 3: Group work: Teachers will give students the main keys and clues to present an attractive title/front page. They will concentrate on the *margins, the font used, the colours and the essential information to be included: name of the student, name of the teacher, course, academic year, title, possible illustrations, etc.*

Teachers will also show their students how to find online templates to help them to present an outstanding layout.

The idea of "selling a good package" should be taught to the students, taking into account that a nicely presented piece of work will, for sure, obtain better results than a poor presented one, regardless of how good its content may be.

Teachers can also take advantage of this opportunity to remind students about the importance of avoiding spelling mistakes.

Teachers will do everything possible to recall students that the best way of becoming a good writer is to be a good reader: **the importance of promoting reading habits.**

Final task: Students will be given the opportunity to present a 10-page academic paper on the topic they prefer. This paper should include and index, an introduction, a body, conclusions, etc. Students will have an approximately term of two weeks to deliver the papers to the teacher by e-mail.

COMPLEMENTARY TEACHING UNIT 3: "HOW TO WRITE AN EXCELLENT COMPOSITION"

This teaching unit has been specially programmed to teach students once and for all how to write an excellent composition and captivate their readers.

The activities herein described are planned for **50 minute lessons** and can be also implemented throughout the whole academic year, although it would be advisable to teach them at the beginning of the academic year.

Background

Before developing this teaching unit, students should have previously received a talk from the teacher on the importance of mastering writing skills. This lesson plan should be supported with daily activities included throughout the whole academic year.

EXTRA TEACHING UNIT 3: "HOW TO WRITE AN EXCELLENT COMPOSITION"	ENGLISH
	LEVEL: CSE 1ST SEMESTER

THIS TEACHING UNIT IS MADE UP BY 5 SESSIONS TO BE COMBINED WITH THE REGULAR TEACHING UNITS IN THE ACADEMIC YEAR. THE DURATION OF EACH SESSION IS OF 50' AND THEY WILL BE DEVELOPED IN THE ENGLISH CLASSROOM & THE COMPUTER ROOM.

TEACHING OBJECTIVES	➢ Learning how to write a correct composition ➢ Brainstorming: which ideas do we want to include in our compositions ➢ Learning how to present a composition (layout) ➢ Learning which parts should be included in a composition (introduction, body, conclusions) ➢ Reviewing our compositions: re-reading and improving the composition ➢ Learning how to deliver a composition by e-mail ➢ Learning the benefits of ICT ➢ Learning how to work in groups
KEY COMPETENCES	➢ Competence in linguistic communication ➢ Competence in processing information and use of ICT ➢ Competence in social skills and citizenship ➢ Learning to learn ➢ Autonomy and personal initiative

ACTIVITIES

✓ **1st & 2nd sessions:** <u>Group work</u>: How to write an outstanding composition: from the brainstorming process to the reviewing phase (gathering ideas, writing a draft, organising and structuring the text, conclusions, reviewing and handing in) **(50'+50') (The process of writing a composition)**

✓ **3rd session:** <u>Group work</u>: The brainstorming process: How to organise the ideas before starting to write **(50'). Teachers will encourage students to do some brainstorming before starting to write. The aim here is to help them to achieve better results.**

✓ **4th session:** <u>Group work</u>: The importance of doing a draft before writing a composition **(50') (Drafts: the clue for a good composition). Teachers will present examples of drafts in class.**

✓ **5th session: Final task: Students will have to write and deliver a composition about one topic of their own interest (50') (Teachers will have to find out students' interests in order to ask them to write a composition on one of their favourite subjects, thus motivating them.**

MATERIALS	EVALUATION CRITERIA	METHODOLOGY
✓ Digital Blackboard with Internet connection ✓ Worksheets ✓ Computer room	✓ Group work assessment ✓ Progression achieved ✓ Final task: composition	✓ Communicative and eclectic methodology combining: Group/individual work

HOMEWORK: Students will have to create a draft at home before writing the final task composition.

SPECIAL NEEDS	Additional support for students with learning difficulties
CLIL	Collaboration with the other Teaching Departments in order to help students to learn how to become autonomous and do things by themselves
CROSS-CURRICULAR TOPICS	➢ Learning writing strategies and skills to be implemented in different languages

Sessions 1 to 5: Teachers will have to teach students the importance of the **brainstorming process** before starting to write; it will also be important to insist on the importance of doing a **draft** before starting the real composition. Brainstorming and drafting can help us to better organise our ideas and express them in a composition.

Students should also be taught about the importance of reviewing their texts after having written them. When the time allows it, it will be also advisable to leave the composition "settle" and read it again the following day. In this way, we will be able to see what we have written from another perspective.

Regarding the **final task**, we recommend teachers to allow their students to write about one topic of their own interest, thus motivating them and making their participation much easier. It is also advisable to ask students to deliver their compositions by e-mail and giving them some tips about the use of the computer word processor. (In case of the students not having a computer at home, they should be allowed to use the computer facilities in the school).

ACTIVIDAD – READING PROMOTION "Book Markers"

TÍTULO DE LA ACTIVIDAD/ UNIDAD: "A pretty book marker"

NOMBRE DEL PROFESOR/A: Isabel Montiel Vaquer

DEPARTAMENTO: Inglés

ALUMNOS:

> Número de alumnos: máximo 30
>
> Edad: 14-15 años
>
> Curso: 3° ESO

SESIONES : 2 horas de clase

MATERIAL: marcadores, libros, (ordenadores opcional)

OBJETIVOS:

✓ Motivar a los estudiantes para leer libros.

DESARROLLO DE LA ACTIVIDAD:

PRIMERA SESIÓN

➢ Charlar de manera informal sobre colecciones de cosas. Por ejemplo marcadores de libros. Enseñar algunos.

➢ Hacer preguntas lógicas para cuando pedimos que nos recomienden un libro.

➢ Proponer hacer un marcador que responda a esas preguntas para exponer en el aula.

➢ Si estamos en aula de informática con internet, rellenar borrador de marcador con "el mejor libro de mi vida"

➢ HW: Traer libros y hacer "book-crossing"

Lectura del libro asignado (en casa o clase, según programación). La segunda sesión tendrá lugar una vez finalizado el plazo de lectura.

SEGUNDA SESIÓN

✓ Repartir hoja básica de control sobre el libro de lectura en lengua extranjera.

EVALUACIÓN FORMAL: Puede ser prueba oral o escrita sobre el libro leído.

CONÓCETE PARA OPTIMIZAR TU APRENDIZAJE

Esta sesión de técnicas de estudio en la clase de Tutoría de 3° ESO tiene un objetivo doble. Con ella, los estudiantes consiguen una metacognición de su manera de estudiar y, a través de ella, descubren hábitos y técnicas de estudio que potencian su aprendizaje. Además, dicha información llega al docente para que este adopte y adapte la metodología apropiada en sus clases para beneficiar el aprendizaje a sus alumnos.

Estos ítems tienen como finalidad la personalización del proceso de enseñanza-aprendizaje, es decir, poder ofrecer a cada alumno unas técnicas de estudio que optimicen su propio aprendizaje y no una serie de pautas generalistas que todos los estudiantes deban realizar por igual.

Es fundamental empezar por establecer la diferencia entre hábito de estudio y técnica de estudio. El hábito de estudio hace referencia a aquellas pautas que el estudiante sigue antes, durante y después de su sesión de estudio. Sin embargo, las técnicas de estudio son aquellas herramientas que los estudiantes utilizan durante el estudio. Es igual de importante tener un buen hábito de estudio como conocer diferentes técnicas de estudio y poderlas aplicar conforme a la materia que se desea aprender.

Para observar qué hábitos de estudio tienen los estudiantes, les pedimos que realicen el siguiente test:

	SÍ	A VECES	NO
	- ¿Estudias siempre en el mismo sitio?		
	- ¿Tu lugar de estudio está lejos de distracciones y ruidos?		
	- ¿Tienes un horario fijo para el estudio y lo cumples?		
	- ¿Cuidas la temperatura, la ventilación y la iluminación de tu lugar de estudio?		
	- ¿Duermes entre ocho y diez horas al día?		
	- ¿Llevas una dieta variada y rica?		
	- ¿Haces ejercicio físico de manera regularizada?		
	- ¿Planificas tu sesión de estudio antes de empezarla?		
	- ¿Entiendes fácilmente lo que lees?		
	- ¿Tienes facilidad para captar la estructura del tema y para encontrar las ideas principales de lo que estudias?		
	- ¿Conoces alguna técnica para estudiar mejor?		
	- ¿Estudias de igual manera todas las asignaturas?		
	- ¿Escribes con buena letra, dejas márgenes, procuras no hacer tachones…?		
	- ¿Repasas el examen antes de entregarlo?		
	- ¿Estás satisfecho con tu forma de estudiar?		
	- Cuando te dan los exámenes, ¿sacas las notas que te esperas?		
	- ¿Crees que tus notas se corresponden con tu esfuerzo?		
	- ¿Utilizas el examen como punto de reflexión para próximas pruebas?		
TOTAL:			

Una vez realizado el test de hábitos de estudio, es momento de que rellenen el siguiente DAFO DE HÁBITOS PERSONALES DE ESTUDIO DE LA AUTOEVALUACIÓN COMO ESTUDIANTE:

DEBILIDADES	AMENAZAS
✓ ✓	✓ ✓ ✓
FORTALEZAS	**OPORTUNIDADES**
✓ ✓ ✓	✓ ✓

Ya rellenado, los alumnos lo comparten con sus compañeros y profesor. De esta forma, los estudiantes explican, razonan y maduran su idea sobre el hábito de estudio. Además, aprenden de sus compañeros y de su profesor hábitos saludables a la hora de estudiar que, ahora, ya pueden poner en práctica.

Seguidamente, el profesor lanza a sus alumnos dos preguntas clave:

1. ¿Por qué estudias? y **2. ¿Para qué estudias?**

Con estas dos preguntas, se incita al estudiante a que reflexione sobre el cambio del significado que promueven las preposiciones "por" y "para", pues no equivale a una misma pregunta y, por lo tanto, tampoco lo hace a una misma respuesta.

Una vez que cada alumno haya contestado ambas preguntas, el profesor traza un rectángulo grande en la pizarra y lo titula:

MI RAZÓN PARA EL ESTUDIO:

Cada alumno deberá exponer su razón para el estudio de la manera que desee. Bien sea con una frase, con un dibujo, con una canción, con una fotografía, con un collage, con un link… y la explica al resto de la clase.

Después, el profesor propone a sus alumnos que completen el siguiente test de Inteligencias Múltiples para evaluar cuáles son las inteligencias más desarrolladas, cuáles las que menos y, a partir, de esos resultados, ofrecer unas técnicas de estudio u otras a cada estudiante.

INTELIGENCIA:	Puntuación:				
	1	2	3	4	5
Me gustan los juegos con las palabras: trabalenguas, rimas, cuentos, crucigramas, chistes…					
Tengo un vocabulario variado y rico.					
Me gusta leer.					
Suelo ser yo quien explique a los demás cualquier cosa.					
Hablo bastante.					
TOTAL INTELIGENCIA 1					
Me interesa el funcionamiento de todo.					
Me gustan los números y calcular rápido con ellos.					
Me gusta jugar con números: ajedrez, damas, estrategia, parchís, rompecabezas, sudokus…					
Clasifico a las personas que conozco y las cosas que tengo.					
Soy muy ordenado y organizado.					
TOTAL INTELIGENCIA 2					

Me gusta cualquier expresión de arte.					
Suelo hacer garabatos donde sea.		▓	▓	▓	▓
Dibujo bastante bien y me gusta.					
Me gusta jugar a hacer puzles, buscar las 7 diferencias, los juegos con imágenes, ver películas y hacer fotografías.		▓	▓	▓	▓
Me oriento bastante bien.					
TOTAL INTELIGENCIA 3	▓				
Suelo recordar las canciones que escucho.					
Canto muy bien y, a veces, sin darme cuenta.		▓	▓	▓	▓
Toco algún instrumento musical.					
Escuchar música es una de mis aficiones favoritas.		▓	▓	▓	▓
Me gusta llevar el ritmo.					
TOTAL INTELIGENCIA 4	▓				

Me gusta hacer deporte.					
Suelo moverme cuando estoy sentado.					
Se me dan bien las manualidades y montar o desmontar cosas.					
Cuando hablo muevo los brazos.					
Bailo bien.					
TOTAL INTELIGENCIA 5					
Me gustan los animales y las plantas.					
Apuesto por el reciclaje y la ecología. Incluso, me gustaría tener un jardín para cultivar.					
Me gusta guardarme objetos que recojo en la naturaleza como hojas, piedras, conchas…					
Me gusta ver documentales de animales y de naturaleza.					
Me gusta ir de excursión.					
TOTAL INTELIGENCIA 6					

Me gusta estar rodeado de gente, jugar con los demás.					
Suelo ser el líder entre mis amigos.					
Suelo preocuparme por los demás.					
Entiendo que otras personas no opinen como yo.					
Mis amigos suele pedirme consejos.					
TOTAL INTELIGENCIA 7					
Me gusta estar solo, soy bastante independiente, me gusta trabajar y estudiar solo.					
Sé expresar lo que siento en todo momento.					
Soy crítico conmigo y me gusta aprender de mis experiencias.					
Me gusta guardar secretos.					
Me gusta planear cosas del futuro, imaginar, soñar y fantasear.					
TOTAL INTELIGENCIA 8					

Ahora los alumnos comprueban la calificación obtenida en cada tipo de inteligencia y observan con cuál de ellas está asociada su puntuación:

Inteligencia 1	Inteligencia 2	Inteligencia 3	Inteligencia 4
Lingüístico-verbal	Lógico-Matemática	Visual-Espacial	Musical
Inteligencia 5	Inteligencia 6	Inteligencia 7	Inteligencia 8
Cinestésico-Corporal	Naturalista	Interpersonal	Intrapersonal

Una vez que los alumnos han acabado de puntuar las frases de cada inteligencia, es el momento de que cada estudiante valore y reflexione sobre sus inteligencias más y menos desarrolladas. Para ello, crean un PERFIL PERSONAL DE INTELIGENCIAS MÚLTIPLES y colorean con barras las puntuaciones:

Este autoconocimiento será la vía de acceso al aprendizaje significativo.

Es interesante que los alumnos puedan compartir con el resto de sus compañeros su test. Así, muchos descubren puntos en común con otros alumnos. De estas conversaciones surgirán sinergias en futuros grupos de trabajo ya que los estudiantes podrán compartir técnicas de estudio y, con ellas, potenciar su aprendizaje.

Finalmente, cada alumno atiende a la puntuación obtenida en el Test de Inteligencias Múltiples y observa en la siguiente imagen cuántas y diversas técnicas de estudio se le proponen. De entre todas, ahora el alumno puede escoger aquellas que más se adaptan a sus necesidades, intereses y estilos de aprendizaje.

Como vemos, existen muchas y variadas vías a la hora de aprender y, con esta amplia gama, se consigue el acercamiento a la personalización en el aprendizaje y se huye de la estandarización general de las técnicas de estudio para todos aquellos estudiantes que deseen aprender una materia.

Con esta sesión, el alumno alcanza suficiente nivel de metacognición para poder situarse entre los hábitos de estudio que desea seguir para ser mejor estudiante y, además, este estatus de autoconocimiento le permite elegir qué técnica de estudio desea emplear, atendiendo a su perfil de inteligencias múltiples.

A CONTINUACIÓN VEMOS LA MISMA UNIDAD ADAPTADA A UN LESSON PLAN DISTINTO.

UNIDAD DIDÁCTICA – CLIL   *"HÁBITOS DE ESTUDIO"*
Lesson Plan

TÍTULO DE LA ACTIVIDAD/ UNIDAD: "HAZ UN DAFO SOBRE TUS HÁBITOS DE ESTUDIO Y UN DIAGRAMA DE BARRAS SOBRE LAS INTELIGENCIAS MÚLTIPLES"

NOMBRE DEL PROFESOR/A: Laura Pérez

DEPARTAMENTOS: Departamento de Orientación, Inglés, tutoría, castellano, valenciano, etc

ALUMNOS:

Número de alumnos: grupo completo

Curso: Adaptable a cualquier curso ESO

Edad: 12- 16

SESIONES : 2 sesiones de 50 min,

MATERIAL: fotocopias

OBJETIVOS y COMPETENCIAS BÁSICAS:

- Usar la lengua inglesa para aprender las palabras clave de hábitos de estudio
- Tomar conciencia de la necesidad de ser autónomos y aprender a aprender.
- Fomentar la responsabilidad y autocrítica.
- Practicar la competencia lingüística.

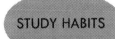

DESARROLLO DE LA ACTIVIDAD:

PRIMERA SESIÓN

- Hacer test de "Hábitos de estudio" (anexo 1) de manera individual
- Rellenar DAFO (dibujar en pizarra) individual- comentario en gran grupo
- Extraer 10 palabras clave, traducir al inglés y escribir una frase real en la parte de atrás del test (individual.)
- Seleccionar las tres mejores frases (gran grupo

SEGUNDA SESIÓN- INTELIGENCIAS MÚLTIPLES

- Formar grupos de 3 ó 4. Comentar las preguntas ¿Por qué estudias? Y ¿Para qué estudias?
- Individualmente escribir "Mi razón para el estudio" y la frase "IF I HAVE A REASON, I WILL FIND A WAY"
- Hacer test de "Inteligencias múltiples" siendo 1 la puntuación con la que menos te identificas y 5 con la que más. (trabajo individual) y comentar en pequeño grupo las asociaciones (anexo 2- Inteligencias)
- Pasar la información a un diagrama de barras
- Elige un hábito que te comprometes a mejorar. Escribe tres frases en inglés empezando "I am going to improve...in my tecniques for planning my work... I am going to design(arts) a monthly planning/I am going to record my TO DO LIST, ect..."

UNIDAD DIDÁCTICA – CLIL   *"COOKING IS COOL"*
Lesson Plan

TÍTULO DE LA ACTIVIDAD/ UNIDAD: "COOKING IS COOL!"

NOMBRE DEL PROFESOR/A: Isabel Montiel Vaquer

DEPARTAMENTOS: Inglés, EF, Biología, Geografía. EPV, etc

ALUMNOS:

Número de alumnos: máximo grupos de 15

Curso: Adaptable a cualquier curso y nivel A2

Edad:

SESIONES : 2 sesiones + visita al "vegetable garden"

MATERIAL: cámara, grabadora + APOYO LOGÍSTICO

OBJETIVOS y COMPETENCIAS BÁSICAS:

- Usar la lengua inglesa (oral y escrita) como vehículo de comunicación. (C. lingüística)
- Reflexionar sobre la agricultura tradicional y la paz del contacto con la naturaleza. (C. del entorno físico)
- Tomar conciencia de la necesidad de ser autónomos y aprender a aprender.
- Fomentar la responsabilidad y autocrítica.
- Practicar la competencia digital.

DESARROLLO DE LA ACTIVIDAD:

PRIMERA SESIÓN

- Listening about "Paella in our culture"
- Writing: Collect and Keep record of your recipes. (ver anexo 1)
- Reading: Recipe of a paella. (VER ANEXO 2)
- Producing a creative recipe for visual arts.

SEGUNDA SESIÓN- At the vegetable garden.

- Formar grupos de 3 ó 4.
- Ver anexo 3

AT THE VEGETABLE GARDEN

TERCERA SESIÓN: FEEDBACK

- Se fija como deberes y se termina de realizar la actividad en clase de informática y para aquellos que quieran subir nota y mejorar su trabajo se les permite que de nuevo se la lleven a casa, y la devuelvan como trabajo voluntario. (En estos casos no es necesario que el profesor la corrija, basta con tomar nota, puede estar seguro de que el alumno ha disfrutado, el aprendizaje se ha producido y además ha sido significativo).
- 1. Individual work: "Write a paragraph about what you have learned in the vegetable garden of Bolulla".
- 2. Pair or group work: Watch a slide display of photos taken, choose the best eight/ten photos. Write a comment for each one. Create a power-point (ppt) or open-office presentation to show and speak to the whole class or another group.

EVALUACIÓN FORMAL: Prueba oral a fin de mes o trimestre: "Talk about your experience in the vegetable garden of Bolulla".

ANEXO 1

Recipe book

Name of the dish:

Source and date:

Ingredients:

Procedure:

Name of the dish:

Source and date:

Ingredients:

Procedure:

ANEXO 2

PAELLA "Happy Chicken"

(Bautizada por Paco, profesor del IES Carrús d Elche)

Source: Alejandro Valevich   **Date**: Wednesday, 31st march 2010

Ingredients:

- 1 kg rice
- chicken
- red pepper
- dry pepper
- chicken liver

- tomatoe
- garlic
- olive oil
- water

- salt
- parsley
- coloring
- lemon

- chickpeas
- green beans
- valencian beans

OPTIONAL: 2 stew tablets (pastillas de caldo).

Procedure:

1st : Put the olive oil in the pan

2nd: Add the red pepper with a pinch of salt

3rd: Add the dry pepper, the garlic, chicken liver, parsley, tomatoe, [pinch of salt]

4th: Separate from the pan. LEAVE the red peppers in a plate in order to use them for decoration at the end. SMASH the rest in a "mortero".

5th: Fry the meat in very small portions with NO bones and a pinch of salt.

6th: Add the vegetables and stir fry with a pinch of salt.

7th: Add the water and the "stew tablets" and cook for 30 min. ("A ojo de buen cubero" y el que lo traduzca tiene premio!)

8th: Add the rice. Decorate with the red pepper cook for 15 min.

9th: Decorate with lemon before serving.

¡¡BON APETITE!!

ANEXO 3

A VISIT TO A "SPECIAL" VEGETABLE GARDEN

In groups of 3 or 4.

- Only one group at a time can work with each activity.

- You have <u>one hour </u>and then you should taste, eat and thank the group that has made the paella.

- Please be AUTONOMUS AND RESPONSABLE, do not bother others, relax, enjoy and practice MINDFULNESS. If you are over fourteen, after the teacher's explanation, DO NOT ask any more questions, TAKE YOUR OWN DECISIONS. Feel free to express yourself in this garden.

- Please use ONLY ENGLISH, even if you make mistakes.

- Choose your activity. You can do more than one, as long as, you don't interrupt others.

1. I will be a cook.

2. I will write a message in a bottle.

3. I will DIG AND PLANT

4. I will pull out weeds.

5. I will plant seeds.

6. I will read & meditate under a tree.

7. I will wander around AND TAKE PICTURES.

8. I will learn to make "un canyis"

9. I will record sounds.

IMPORTANTE: Repite en silencio varias veces: "Yo soy responsable y tengo sentido común".

Sé que usar las fotografías y/o grabaciones que realice en esta actividad para otros usos no académicos puede ser constitutivo de delito. Entiendo qué significa "protección de datos e imágenes".

Firma del estudiante:

Fecha:

CUT OUT THESE WORDS AND MAKE SMALL SIGNS TO PUT ON BAMBU STICKS:

PULL OUT THE WEEDS (MIND THE ROSE BUSHES)

READ ARTICLES

POTATOES

ONIONS

CAULIFLOWER

BROAD BEANS

GARLIC

PARSLEY

CELERY

TOMATOES

ASPARAGUS

SWISS CHARD (BETA VULGARIS = ACELGA)

PAELLA party

Wednesday 27th March 2013

```
g  a  d  s  f  s  b  c  v  b  f  o  i  l  d  e  w
a  b  r  e  a  d  o  d  c  e  d  d  n  s  e  e  w
r  m  s  w  e  e  t  l  b  e  f  s  o  b  c  f  e
l  a  m  a  s  a  l  t  v  f  l  t  e  o  o  v  d
i  r  o  n  i  o  n  c  b  x  y  r  a  i  r  h  r
c  i  s  h  e  i  l  a  l  l  t  a  n  l  a  d  y
f  a  c  u  c  u  m  b  e  r  e  w  d  s  t  g  p
r  n  h  h  j  k  ñ  g  o  j  r  b  m  b  e  f  e
i  o  p  o  r  k  s  u  h  g  s  e  a  a  d  v  p
c  d  a  s  c  o  o  k  s  e  f  r  r  k  c  c  p
e  j  u  q  e  b  x  c  k  s  h  r  i  e  v  r  e
s  r  a  b  b  i  t  b  e  d  r  y  a  l  c  g  r
d  r  g  j  l  ñ  ñ  s  d  e  k  q  n  h  o  s  h
s  d  l  e  a  v  e  u  k  s  s  w  o  g  a  j  s
x  m  h  l  t  g  b  j  p  e  a  s  o  d  s  c  b
s  b  o  l  s  e  p  a  r  a  t  e  n  m  t  d  a
w  m  a  k  f  i  e  s  t  a  m  a  n  s  i  o  s
e  l  a  f  e  s  b  e  a  n  s  p  e  n  e  l  n
r  o  d  s  g  b  a  h  a  m  a  s  k  m  l  p  o
e  l  d  ñ  h  m  a  r  i  a  n  o  d  e  j  o  e
                                               t
```

Match the words and find the English word in the word box :

garlic	pepino
onion	fresa
glass	ternera
sweet	dulce
cucumber	ajo
beef	mantequilla
butter	freir
bread	aceite
rice	cerdo
oil	cocinar
strawberry	hervir
rabbit	tostar
pork	cebolla
cook	arroz
fry	vaso
boil	conejo
toast	pan

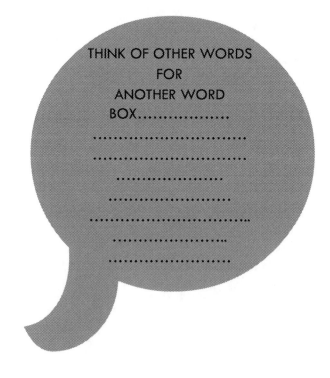

THINK OF OTHER WORDS
FOR
ANOTHER WORD
BOX.................
....
....
....
....
....

UNIT 5: OUR VEGETABLE GARDEN		Sessions: 3 50´ each
2° ESO	DATE:	2ND SEMESTER

OBJECTIVES	• Giving oral information about our vegetable garden. • Participating in an active way in the development of the natural environment. • Describing the garden using directions. • Using the present and past simple to communicate in authentic situations. • Learning vocabulary related to gardening and vegetables
KEY COMPETENCES	✓ Competence on linguistic Communication ✓ Competence on knowledge and interaction with the physical World. ✓ Competence on learning to learn ✓ Digital competente ✓ Social and civic competence

CONTENTS	ACTIVITIES	METHODOLOGY
➢ Communicative abilities ➢ Language considerations ➢ Socio-cultural aspects	Visiting and **describing** the garden. Reading a text about organic gardens Listening/watching youtube video on the topic Writing sentences for the photograghs. Vocabulary: gardening/vegetables/ prepositions Grammar: present and past simple Pronunciation: past simple –ed ending/ / vedʒtəbəl/ Environmental awareness/sustainability/ recycling "going the green way"	Communicative approach, eclectical methodology combining: - Structural and functional approach. - Individual, pair and group work. - Teacher-student - Teacher-whole class

MATERIALS	1. Worksheets with reading, speaking and writing exercises. 2. Studentbook, grammar, and workbook 3. Computer room (powerpoint, internet, projector)
FINAL TASKS	Producing a powerpoint presentation about our garden. Showing and describing the garden in an authentic situation to Comenius partners.
EVALUATION	✓ Individual observation of the class notebook and homework. ✓ Oral and written practice. ✓ Listening and reading practice ✓ Exam: Unit 5 ✓ Oral exam: Monologue and dialogue
SPECIAL NEEDS	Access ramp for wheel chair.
CLIL	Prepare a text with the Science teacher.
CROSSCURRICULAR TOPICS	Environmental education.

UNIT 5: OUR VEGETABLE GARDEN		Session: 3 50´
2° ESO	DATE:	2ND SEMESTER
NAME OF THE TEACHER:		

OBJECTIVES	• Giving oral information about our vegetable garden. • Participating in an active way in the development of the natural environment. • Describing the garden using directions. • Using the present and past simple to communicate in authentic situations. • Learning vocabulary related to gardening and vegetables
MATERIALS	1. Worksheets with reading, speaking and writing exercises 2. Studentbook, grammar, and workbook 3. Computer room (powerpoint, internet, projector) 4. POWERPOINT PRESENTATION
FINAL TASKS	Watching a powerpoint presentation about our garden. Speaking: Describing the activity
ACTIVITIES. TIMING	➢ (10 min.) Powerpoint presentation. SS read and watch slides. ➢ (5 min.) Pairwork oral interaction describing the garden. ➢ (10 min.)T chooses three students to stand and present ppt. ➢ Individual grammar work(SB,WB,GB) while T starts with the speaking test. ➢ HOMEWORK: Optional. Bring a recipe of zucchini and onion omellete.
EVALUATION	✓ Oral and written practice. ✓ Listening and reading practice ✓ Oral exam: Monologue and dialogue
SPECIAL NEEDS	Access ramp for wheel chair.
CLIL	Prepare a text with the Science teacher.
CROSSCURRICULAR TOPICS	Environmental education.

LESSON PLAN PARA IR A LA SALA DE PROYECCIÓN DE PELÍCULAS

ALUMNO:...FECHA:.......................................

✓ Título de la película: ....

✓ Género (terror, acción, romántica, comedia, etc.): ....

✓ En qué época se desarrolla la acción: ....

✓ Quiénes son los protagonistas: ....

✓ Elige una escena que te haya llamado la atención y nárrala: (usa la otra cara de la hoja)..

✓ Escribe un breve resumen: (usa la otra cara de la hoja) ....
....

✓ Escribe tu opinión personal: (usa la otra cara de la hoja) ....
....

✓ Escribe DIEZ palabras que hayas escuchado, que te resulten nuevas o poco frecuentes. Diseña una sopa de letras con esas palabras para que la resuelva un compañero.

✓ Escribe frases propias con las palabras que has encontrado. (Usa la otra cara de la hoja)

✓ ¿Puedes traducir alguna al valenciano, inglés o francés? Escribe la traducción.

LA SIGUIENTE PROGRAMACIÓN ES UN BORRADOR DE FPB

PROGRAMACIÓN

DEL MÓDULO DE COMUNICACIÓN Y SOCIEDAD I
1ER curso
de <u>formación profesional básica</u>
<u>de cocina y restauración</u>
de la familia profesional de hostelería y turismo

Curso 2014-2015

autor: Nombre y apellidos del alumno/a
tutor: Nombre y apellidos del tutor/a

1. Introducción

Justificación de la programación y marco legal

El Decreto 234/1997, de 2 de septiembre, del Gobierno Valenciano, por el que se aprueba el **Reglamento orgánico y funcional** de los institutos de educación secundaria, en su artículo 88, atribuye a los departamentos didácticos la organización y desarrollo de las enseñanzas propias de las áreas o materias, y en el artículo 90.3 señala que es competencia de éstos la elaboración, antes del comienzo del curso académico, de la programación didáctica de las enseñanzas correspondientes a las áreas o materias integradas en el departamento, bajo la coordinación y dirección de la jefatura del mismo.

La presente programación didáctica está referida al desarrollo del currículo del MÓDULO DE COMUNICACIÓN Y SOCIEDAD I de la Formación Profesional Básica que durante el presente curso impartirá la profesora Isabel Montiel Vaquer, que forma parte del Departamento de Lengua Extranjera INGLÉS.

La Ley Orgánica 5/2002, de 19 de junio, de las Cualificaciones y de la Formación Profesional (BOE 20 de junio), hace referencia a una oferta integradora de Formación Profesional.

La Ley Orgánica 2/2006, de 3 de mayo, de Educación **(LOE)** BOE 4 de mayo, modifica el acceso a la Formación Profesional, así como las relaciones entre los distintos subsistemas de la Formación Profesional, de forma que para aumentar la flexibilidad del sistema educativo y favorecer la formación permanente se establecen diversas conexiones entre la educación general y la Formación Profesional.

La Ley Orgánica 8/2013, de 9 de diciembre, para la Mejora de la Calidad Educativa, **(LOMCE)** en su apartado 3 del artículo único, introduce el apartado 10 en el artículo 3 de la Ley Orgánica 2/2006, de 3 de mayo, de Educación, y crea los ciclos de Formación Profesional Básica dentro de la Formación Profesional del sistema educativo.

El Real **Decreto 127/2014, de 28 de febrero,** por el que se regulan aspectos específicos de la Formación Profesional Básica de las enseñanzas de Formación Profesional del sistema educativo, aprueba 14 títulos profesionales básicos donde se fijan sus currículos básicos.

El Real Decreto 356/2014, de 16 de mayo, por el que se establecen siete títulos de Formación Profesional Básica del Catálogo de títulos de las enseñanzas de Formación Profesional amplía los títulos de Formación Profesional Básica establecidos en el Real Decreto 127/2014, de 28 de febrero.

La disposición final tercera del Real Decreto 127/2014, de 28 de febrero, dispone que el primer curso de Formación Profesional Básica se implantará en el curso 2014-2015.
El texto del **borrador del decreto del Consell** por el que se regulan los ciclos formativos de Formación Profesional Básica en el ámbito de la Comunitat Valenciana ha obtenido ya el visto bueno del Consejo Valenciano de Formación Profesional en su reunión del día 16 de mayo, y actualmente se está llevando a cabo el procedimiento dispuesto en el Decreto 24/2009, de 13 de febrero, del Consell, sobre la forma, la estructura y el procedimiento de elaboración de los proyectos normativos de la Generalitat.

Así pues, el módulo objeto de esta programación (Comunicación y Sociedad I) pertenece a los módulos asociados a los bloques comunes establecidos en el artículo 42.4 de la Ley Orgánica 2/2006, de 3 de mayo, según la modificación introducida por el apartado treinta y cinco del artículo único de la Ley Orgánica 8/2013, de 9 de diciembre, para la Mejora de la Calidad Educativa, que garantizan la adquisición de las competencias del aprendizaje permanente.

El Módulo de Comunicación y Sociedad I incluye las siguientes materias:

1.ª Lengua castellana.

2.ª Lengua Extranjera.

3.ª Ciencias Sociales.

4.ª En su caso, Lengua Cooficial, en nuestro caso, valenciano.

De acuerdo con la normativa reseñada, los módulos profesionales de Comunicación y Sociedad tendrán como referente el currículo de las materias de la Educación Secundaria

Obligatoria incluidas en el bloque común correspondiente y el perfil profesional del título de

Formación Profesional en el que se incluyen.

Estos módulos profesionales serán de oferta obligatoria en primero y en segundo curso y estarán contextualizados al campo profesional del perfil del título.

La formación incluida para la obtención de los resultados de aprendizaje relativos a la Lengua Extranjera de los módulos profesionales de Comunicación y Sociedad I y II podrá ser ofertada en unidades formativas diferenciadas cuando así se precise en función de la acreditación de la competencia lingüística del profesorado que imparta el ciclo. En nuestro caso la profesora impartirá las cuatro materias.

CONTEXTUALIZACIÓN DEL CENTRO (ampliación necesaria)

Esta Programación Didáctica se contextualiza en el IES Mediterrània de Benidorm, sus 856 alumnos se distribuyen en 20 unidades de ESO, 4 de Bachillerato y 8 Ciclos de Formación profesional de Hostelería y Turismo. Tiene un claustro de 87 profesores y una educadora.

El IES se ubica en Benidorm, ciudad eminentemente turística...

2. Objetivos

Los módulos asociados a los bloques comunes, que garantizarán la adquisición de las competencias del aprendizaje permanente tendrán como referente el currículo de las materias de la Educación Secundaria Obligatoria.

En Formación Profesional hablamos, además,de las competencias profesionales. En FPB, BOE del 5 de marzo 2014.

2.1. Competencia general del título.

La competencia general de este título consiste en realizar con autonomía, las operaciones básicas de preparación y conservación de elaboraciones culinarias sencillas en el ámbito de la producción en cocina y las operaciones de preparación y presentación de alimentos y bebidas en establecimientos de restauración y catering, asistiendo en los procesos de servicio y atención al cliente, siguiendo los protocolos de calidad establecidos, observando las normas de higiene, prevención de riesgos laborales y protección medioambiental, con responsabilidad e iniciativa personal y comunicándose de forma oral y escrita en lengua castellana y en su caso en la lengua cooficial propia así como en alguna lengua extranjera.

2.2. Competencias del título.

a. Realizar las operaciones básicas de recepción, almacenamiento y distribución de materias primas en condiciones idóneas de mantenimiento hasta su utilización, a partir de las instrucciones recibidas y los protocolos establecidos.

b. Poner a punto el lugar de trabajo, preparando los recursos necesarios y lavando materiales, menaje, utillaje y equipos para garantizar su uso posterior en condiciones óptimas higiénico-sanitarias.

c. Ejecutar los procesos básicos de preelaboración y/o regeneración que sea necesario aplicar a las diferentes materias primas, en función de sus características y la adecuación a sus posibles aplicaciones.

d. Aplicar técnicas culinarias sencillas para obtener preparaciones culinarias elementales y de múltiples aplicaciones, teniendo en cuenta la estandarización de los procesos.

Las competencias profesionales, personales, sociales y las competencias para el aprendizaje permanente de este título son las que se relacionan a continuación:

e. Terminar y presentar elaboraciones sencillas de cocina de acuerdo a la definición de los productos y protocolos establecidos para su conservación o servicio.

f. Colaborar en la realización del servicio en cocina y en los distintos tipos de servicio de alimentos y bebidas teniendo en cuenta las instrucciones recibidas y el ámbito de la ejecución.

g. Ejecutar los procesos de envasado y/o conservación de acuerdo a las normas establecidas para preservar su calidad y evitar riesgos alimentarios.

h. Ejecutar las operaciones de preservicio y/o postservicio necesarios parael desarrollo de las actividades de producción y/o prestación de servicios, teniendo en cuenta el ámbito de su ejecución y la estandarización de los procesos.

i. Realizar procesos de preparación y presentación de elaboraciones sencillas de alimentos y bebidas, de acuerdo a la definición de los productos, instrucciones recibidas y protocolos establecidos, para su conservación o servicio.

j. Preparar los servicios de montaje de catering y distribuir materias primas y equipos para su uso o conservación.

k. Asistir en las actividades de servicio y atención al cliente, teniendo en cuenta las instrucciones recibidas, el ámbito de la ejecución y las normas establecidas.

l. Atender y comunicar las posibles sugerencias y reclamaciones efectuadas por los clientes en el ámbito de su responsabilidad, siguiendo las normas establecidas.

m. **Resolver problemas predecibles relacionados con su entorno físico, social, personal y productivo, utilizando el razonamiento científico y los elementos proporcionados por las ciencias aplicadas y sociales.**

n. **Actuar de forma saludable en distintos contextos cotidianos que favorezcan el desarrollo personal y social, analizando hábitos e influencias positivas para la salud humana.**

ñ) **Valorar actuaciones encaminadas a la conservación del medio ambiente diferenciando las consecuencias de las actividades cotidianas que pueda afectar al equilibrio del mismo.**

o. **Obtener y comunicar información destinada al autoaprendizaje y a su uso en distintos contextos de su entorno personal, social o profesional mediante recursos a su alcance y los propios de las tecnologías de la información y de la comunicación.**

p. **Actuar con respeto y sensibilidad hacia la diversidad cultural, el patrimonio histórico-artístico y las manifestaciones culturales y artísticas, apreciando su uso y disfrute como fuente de enriquecimiento personal y social.**

q. **Comunicarse con claridad, precisión y fluidez en distintos contextos sociales o profesionales y por distintos medios, canales y soportes a su alcance, utilizando y adecuando recursos lingüísticos orales y escritos propios de la lengua castellana y, en su caso, de la lengua cooficial.**

r. **Comunicarse en situaciones habituales tanto laborales como personales y sociales utilizando recursos lingüísticos básicos en lengua extranjera.**

s. **Realizar explicaciones sencillas sobre acontecimientos y fenómenos característicos de las sociedades contemporáneas a partir de información histórica y geográfica a su disposición.**

3. Competencias Básicas

Aunque en la normativa específica de FPB no se hable específicamente de las ccbb, por su importancia y por la relación de la FPB con el currículo de la ESO en este módulo sí se aplicarán dichas competencias.

En el currículo de la enseñanza obligatoria las **Competencias básicas** aparecen como un elemento orientador para la selección del resto de elementos curriculares (objetivos, contenidos, criterios de evaluación) y, por lo tanto, como un **elemento nuclear** de los proyectos educativos y curriculares, y, en última instancia, de las programaciones didácticas de todas las áreas y materias del currículo.

El planteamiento de la actividad educativa desde las Competencias básicas exige un nuevo enfoque que afecta a todos los ámbitos de la acción educativa.

La incorporación de las competencias básicas al currículo tiene sin duda implicaciones importantes para las prácticas educativas, que han de afectar a las metodologías didácticas, a las estrategias de evaluación y la propia organización escolar.

Las ocho Competencias Básicas propuestas por el marco de la Unión Europea son las siguientes:

1. **Competencia en comunicación lingüística**

2. **Competencia matemática**

3. **Competencia en el conocimiento y la interacción con el mundo físico**

4. **Tratamiento de la información y competencia digital**

5. **Competencia social y ciudadana**

6. **Competencia cultural y artística**

7. **Competencia para aprender a aprender**

8. **Autonomía e iniciativa personal**

En nuestro caso específico, en el que buscamos cambiar los paradigmas tradicionales en educación e implicar al alumnado en su propio proceso de aprendizaje, la pretensión central no es la de transmitir meras informaciones y conocimientos, sino la de provocar el desarrollo de Competencias Básicas, es decir, la formación del "sentido común" en nuestros estudiantes. En otras palabras, hacer **que éstos se conviertan en personas autónomas, participativas, responsables, con capacidad para aprender a aprender e iniciativa propia, siempre desde el enfoque del respeto y la empatía**. El objetivo es que participen en la construcción de la sociedad y el mundo en el que viven, algo para lo que imprescindiblemente necesitarán las lenguas extranjeras, especialmente el inglés.

Una de las claves del éxito se fundamentará en que los alumnos dispongan de **materiales auténticos y actividades basadas en la realidad,** de forma que finalicen la Enseñanza Secundaria Obligatoria preparados para afrontar situaciones reales y cotidianas. Para ello, desde aquí recordamos a los profesores la importancia de proponerles a sus alumnos actividades que integren diferentes destrezas y simulen tareas propias de la vida real, tales como, rellenar un formulario, leer un informe, interpretar una factura, leer y comprender las instrucciones de uso de cualquier electrodoméstico, redactar un currículum vítae, etc.

A continuación presentamos un ejemplo de cuadro para relacionar objetivos generales de ESO y competencias básicas (ampliación necesaria).

4. Contenidos.

Los módulos de Comunicación y Sociedad I y II podrán dividirse en unidades formativas de competencia lingüística en lengua castellana, extranjera y lengua valenciana cuando así se precise en función de la acreditación de la competencia lingüística del profesorado que imparta el ciclo. Los centros determinarán en su programación la duración de dichas unidades formativas, que, en todo caso, no podrán superar la duración total establecida en el currículo oficial para dichos módulos. En nuestro caso se impartirán los contenidos repartidos en 10 unidades didácticas y en un horario de 5 horas a la semana.

(BOE 5 mayo) Artículo 11. *Competencias y contenidos de carácter transversal.*

1. Todos los ciclos formativos de Formación Profesional Básica incluirán de forma transversal en el conjunto de módulos profesionales del ciclo los aspectos relativos al trabajo en equipo, a la prevención de riesgos laborales, al emprendimiento, a la actividad empresarial y a la orientación laboral de los alumnos y las alumnas, que tendrán como referente para su concreción las materias de la educación básica y las exigencias del perfil profesional del título y las de la realidad productiva.

2. Además, se incluirán aspectos relativos a las competencias y los conocimientos relacionados con el respeto al medio ambiente y, de acuerdo con las recomendaciones de los organismos internacionales y lo establecido en la Ley Orgánica 8/2013, de 9 de diciembre, con la promoción de la actividad física y la dieta saludable, acorde con la actividad que se desarrolle.

3. Asimismo, tendrán un tratamiento transversal las competencias relacionadas con la compresión lectora, la expresión oral y escrita, la comunicación audiovisual, las Tecnologías de la Información y la Comunicación y la Educación Cívica y Constitucional.

4. Las Administraciones educativas fomentarán el desarrollo de los valores que fomenten la igualdad efectiva entre hombres y mujeres y la prevención de la violencia de género y de los valores inherentes al principio de igualdad de trato y no discriminación por cualquier condición o circunstancia personal o social, especialmente en relación con los derechos de las personas con discapacidad, así como el aprendizaje de los valores que sustentan la libertad, la justicia, la igualdad, el pluralismo político, la paz y el respeto a los derechos humanos y frente a la violencia terrorista, la pluralidad, el respeto al Estado de derecho, el respeto y consideración a las víctimas del terrorismo y la prevención del terrorismo y de cualquier tipo de violencia.

5. Las Administraciones educativas garantizarán la certificación de la formación necesaria en materia de prevención de riesgos laborales cuando así lo requiera el sector productivo correspondiente al perfil profesional del título. Para ello, se podrá organizar como una unidad formativa específica en el módulo profesional de formación en centros de trabajo.

6. Para garantizar la incorporación de las competencias y contenidos de carácter transversal en estas enseñanzas, en la programación educativa de los módulos profesionales que configuran cada una de las titulaciones de la Formación Profesional

Básica deberán identificarse con claridad el conjunto de actividades de aprendizaje y evaluación asociadas a dichas competencias y contenidos.

1 TEMPORALIZACIÓN

Para que los alumnos alcancen los objetivos señalados utilizamos los contenidos, que constituyen el segundo elemento básico del currículo. Para la secuenciación de los contenidos del Módulo de Comunicación y Sociedad tenemos en cuenta el Decreto 69/2007, de 29 de mayo, que establece el currículo de Educación Secundaria Obligatoria.

La acción pedagógica debe organizar los contenidos como un conjunto de formas culturales y valores sobre los que han de organizarse las actividades del alumno.

Los contenidos de este Módulo se impartirán en 5 horas semanales durante el primer y segundo cuatrimestre, ya que en este centro las horas de las prácticas en empresa se realizan después de las vacaciones de Pascua. Se trabajarán de manera integrada los contenidos de geografía, historia, inglés, castellano y valenciano.

En el siguiente cuadro vemos la distribución temporal de las unidades didácticas

Trimestre	Unidad	Título	Sesiones
1	1	Técnicas de estudio	
1	2	La Tierra	
1	3	La importancia de la lectura	
1	4	Sectores de empleo	
2	5	Tiempo y clima	
2	6	Un huerto en el balcón	
2	7	Moros y Cristianos	
2	8	Shakespeare, Cervantes y Joanot Martorell	
2	9	El Diario de Ana Frank	
2	10	La sociedad del siglo XXI	

5. Metodología

La impartición de ciclos de Formación Profesional Básica tiene la consideración de tarea de especial dificultad para el profesorado es por ello que los grupos no superarán los 18 alumnos. Partiendo de esta premisa debemos utilizar una metodología que contemple los siguientes aspectos reseñados en la normativa:

1. El proceso de enseñanza y aprendizaje se organizará en torno a un plan personalizado de formación, adaptado a las necesidades e intereses del alumnado, de manera flexible, y diseñado a partir de las necesidades básicas de estos.

2. La organización de las enseñanzas en los centros procurará que el número de profesores y profesoras que impartan docencia en un mismo grupo de Formación Profesional Básica sea lo más reducido posible.

3. En las programaciones didácticas de cada uno de los módulos profesionales que forman parte de los ciclos de Formación Profesional Básica así como en la programación anual de la acción tutorial se incorporarán de manera expresa las competencias y contenidos de carácter trasversal señalados en el artículo 11 del Real Decreto 127/2014 de 28 de febrero.

4. En el caso de las competencias y contenidos de carácter transversal relacionados con la prevención de riesgos laborales, los centros educativos deberán garantizar la certificación de la formación necesaria en materia de prevención de riesgos cuando así lo requiera el sector productivo correspondiente al perfil profesional del título.

5. La metodología utilizada en estas enseñanzas tendrá un carácter globalizador e integrador de las competencias del aprendizaje permanente con las competencias profesionales propias de los módulos asociados a unidades de competencia, con el fin de que el alumnado adquiera una visión global de los procesos productivos propios de la actividad profesional correspondiente.

La metodología de trabajo en el aula se basará en los siguientes principios:

Las clases girarán en torno a contenidos comunicativos posibilitándose el trabajo por parejas y en equipo. La reflexión gramatical se limitará a aspectos básicos.

❖ Los alumnos deberán realizar algunos trabajos que tendrán carácter obligatorio, algunos de ellos podrán ser en formato digital. La calificación obtenida en estos trabajos formará parte de la evaluación trimestral y permitirá descargar de contenidos los exámenes.

❖ A través de los diversos contenidos y los métodos de trabajo en la asignatura se transmitirá a los alumnos y alumnas los siguientes valores básicos:

❖ El respeto hacia las opiniones de los demás y las distintas formas de ser;

❖ El respeto hacia el entorno y el medio ambiente;

❖ El aprecio de la variedad lingüística y cultural;

❖ La valoración del conocimiento como forma de crecimiento personal.

❖ Se buscará en todo momento que los alumnos desarrollen las estrategias de aprendizaje que se señalan en el siguiente apartado de esta programación.

Bloque 1. Escuchar, hablar y conversar

Bloque 2. Leer y escribir

Bloque 3: Conocimiento de la lengua inglesa, castellana y valenciana

Bloque 4. Reflexión sobre el aprendizaje

Bloque 5. Aspectos socioculturales y conciencia intercultural y aspectos de cultura general de geografía e historia

Para abordar estos bloques de contenido se trabajarán las siguientes estrategias de aprendizaje.

a) Estrategias para desarrollar la comprensión oral y escrita

• Estrategias de planificación:

❖ activar los propios conocimientos y experiencias para prever lo que se va a oír o leer,

❖ formular hipótesis en cuanto a la función comunicativa y el contenido, a partir de la situación, del contexto, del tema, del título, del formato, del tono o de las imágenes,

❖ reconocer la organización y la función de los tipos de texto a los que se enfrenta,

❖ valorar la utilidad de la transferencia entre lenguas y de los conceptos y procedimientos propios de la comprensión,

❖ tener una disposición positiva de éxito para la comprensión de mensajes.

• Estrategias de uso de la lengua:

❖ captar la intención comunicativa y el sentido general,

❖ descubrir progresivamente las ideas del texto, formulando hipótesis y contrastándolas,

❖ examinar el texto para buscar sólo los datos concretos, si ése es el objetivo,

❖ prestar atención para captar las palabras clave de la información que se busca,

❖ inferir a partir de la situación y del contexto, así como de la entonación, gestos o marcas gráficas, las intenciones comunicativas implícitas más asequibles,

❖ releer o volver a escuchar para contrastar hipótesis, adquirir y asimilar el léxico: intentar inferir el significado de palabras desconocidas o dudosas a partir de los conocimientos previos, de la situación, del sentido general del texto o de la frase, del contexto, del conocimiento de otras lenguas y de las claves gramaticales y léxicas (familias de palabras, categorías gramaticales, concordancias sintácticas y léxicas, posición, uso de mayúsculas, etc.),

❖ utilizar estrategias personales (subrayar o anotar palabras clave que se desconocen y volver después sobre ellas, hacer listas de palabras clave, de conectores, de marcadores del discurso, etc.),

❖ utilizar el diccionario después de formular hipótesis sobre el significado de las palabras desconocidas.

• Estrategias de control y reparación:

❖ contrastar y verificar si se ha comprendido bien,

❖ indicar lo que no se entiende,

❖ solicitar o intentar, de diferentes formas, la clarificación del mensaje

❖ retener palabras y expresiones nuevas y utilizarlas para verificar su uso

❖ valorar los propios progresos en la comprensión oral y escrita.,

❖ auto-programarse vías de mejora.

a) Estrategias para el desarrollo de la expresión oral y escrita

• Estrategias de planificación:

❖ reconocer la importancia de expresarse en las lenguas para satisfacer las necesidades de comunicación,

❖ desarrollar interés por comunicarse oralmente o por escrito con hablantes de otras lenguas,

❖ tener presente cómo se organizan los diferentes tipos de textos para ajustarse al formato,

❖ encuadrar la situación de comunicación para adecuarse a ella tanto en el contenido como en la forma,

❖ planificar el mensaje organizando las ideas de forma coherente,

❖ valorar los recursos disponibles y reajustar su mensaje o localizar los recursos necesarios,

❖ tener presente frases y expresiones que ayuden a cohesionar el discurso.

• Estrategias de uso de la lengua:

❖ aprovechar todos los conocimientos previos tanto del mundo como de otras lenguas y de la lengua que se aprende,

❖ observar y seguir modelos,

❖ prestar atención a la organización y función de las diferentes partes del mensaje,

❖ adecuarse a la organización y a la función de los diferentes momentos de la interacción o de las partes del texto,

❖ cooperar en la interacción, repetir o resumir lo que alguien ha dicho para centrar la discusión,

❖ seleccionar las ideas para cumplir los propósitos comunicativos concretos,

❖ organizar y relacionar las ideas de forma coherente,

❖ sortear las dificultades con estrategias sociales: solicitar ayuda y cooperación del interlocutor,

❖ utilizar gestos/signos interrogativos, etc.,

❖ utilizar expresiones adecuadas para llamar la atención, tomar y dar la palabra, comenzar,

❖ seguir o terminar una conversación, invitar a otros a participar, implicar al interlocutor,

❖ pedir a otros que aclaren o elaboren lo que acaban de decir,

❖ asumir riesgos en el empleo de la lengua: utilizar rutinas, adaptar palabras, cambiar de código,

❖ utilizar el repertorio lingüístico y discursivo trabajado.

• Estrategias de control y reparación:

❖ controlar si ha habido comprensión (observando gestos, reacciones y respuestas),

❖ solicitar ayuda de los interlocutores para corregir los malentendidos,

❖ en la expresión oral, grabar mensajes para verificar con ayuda externa la eficacia de la transmisión del mensaje y para tomar conciencia de las dificultades,

❖ en la expresión escrita, releer los mensajes para valorar con ayuda externa la pertinencia de lo escrito y los fallos o errores cometidos,

❖ observar de forma detenida si el texto responde a lo que se espera, si las ideas se organizan de forma coherente, si están bien relacionadas y si el formato es el adecuado,

❖ prestar atención a las correcciones y observaciones que se le realicen,

❖ analizar las causas de los errores y ensayar formas de superación,

❖ corregir, rescribir o grabar nuevamente el texto, intentado superar las dificultades observadas.

- Estrategias de pronunciación:

❖ exponerse lo más posible a la lengua extranjera,

❖ practicar la realización de los sonidos de mayor dificultad a través de palabras y frases útiles y frecuentes,

❖ relacionar la lengua propia u otras conocidas que ayuden a recordar la pronunciación de determinados sonidos,

- Estrategias de entonación:

❖ escuchar con atención para discriminar los diferentes tonos y entonaciones,

❖ ensayar las situaciones de comunicación más corrientes,,

❖ comparar con la propia lengua u otras conocidas.

a) Estrategias para desarrollar control sobre el propio aprendizaje

❖ expresar los propios intereses y necesidades de aprendizaje;

❖ activar los conocimientos y experiencias anteriores para construir sobre ellos;

❖ señalar las dificultades y las formas de superarlas;

❖ controlar los propios errores y establecer procedimientos de superación;

❖ conocer los criterios de evaluación para cada tarea o actividad y aplicarlos para valorar la efectividad de las producciones propias y de los compañeros;

❖ hacer uso de la auto-evaluación como medio para valorar el grado de consecución de los objetivos, de participación y de satisfacción de los propios intereses;

❖ comprobar los progresos en la comunicación;

❖ manejar selectivamente los materiales de consulta;

❖ crear y aprovechar ocasiones de práctica;

❖ valorar los éxitos y los medios que han ayudado a conseguirlo.

a) Estrategias para abordar aspectos socioculturales

❖ identificar e interpretar las costumbres y rasgos de la vida cotidiana propios de otros países y culturas donde se habla la lengua extranjera;

❖ usar de fórmulas de cortesía adecuadas en los intercambios sociales;

❖ reconocer y valorar de la lengua extranjera como instrumento de comunicación en el aula, y con personas de otras culturas;

❖ conocer algunos rasgos históricos y geográficos de los países donde se habla la lengua extranjera, obteniendo la información por diferentes medios;

❖ desarrollar interés y favorecer las iniciativa en la realización de intercambios comunicativos con hablantes o aprendices de la lengua extranjera, utilizando soporte papel o medios digitales;

❖ valorar el enriquecimiento personal que supone la relación con personas pertenecientes a otras culturas. Comparación y contraste entre la propia cultura y la transmitida por la lengua extranjera, de forma que se favorezca con ello la valoración crítica de la propia y la aceptación y el respeto de la ajena.

6. Evaluación

1. La evaluación de los alumnos y las alumnas de los ciclos de formación profesional básica tendrá carácter continuo, formativo e integrador, permitirá orientar sus aprendizajes y las programaciones educativas y se realizará por módulos profesionales.

2. Los alumnos y las alumnas matriculados en un centro tendrán derecho a un máximo de dos convocatorias anuales cada uno de los cuatro años en que puede estar cursando estas enseñanzas para superar los módulos en que esté matriculado, excepto el módulo de formación en centros de trabajo, que podrá ser objeto de evaluación únicamente en dos convocatorias.

Los alumnos y las alumnas, sin superar el plazo máximo establecido de permanencia, podrán repetir cada uno de los cursos una sola vez como máximo, si bien *excepcionalmente podrán repetir uno de los cursos una segunda vez, previo informe favorable del equipo docente.*

3. La evaluación estará adaptada a las necesidades y evolución de los alumnos y las alumnas, especialmente para las personas en situación de discapacidad, para las que se incluirán medidas de accesibilidad que garanticen una participación no discriminatoria en las pruebas de evaluación.

4. El alumno o la alumna podrá promocionar a segundo curso cuando los módulos profesionales asociados a unidades de competencia pendientes no superen el 20% del horario semanal; no obstante, deberá matricularse de los módulos profesionales pendientes de primer curso. Los centros deberán organizar las consiguientes actividades de recuperación y evaluación de los módulos profesionales pendientes.

5. El módulo de formación en centro de trabajo, con independencia del momento en que se realice, se evaluará una vez alcanzada la evaluación positiva en los módulos profesionales asociados a las unidades de competencia del Catálogo Nacional de Cualificaciones Profesionales incluidas en el periodo de formación en centros de trabajo correspondiente.

6. Se hará una evaluación inicial en la que se estudie el nivel de acceso del alumnado en cuanto a actitudes, capacidades y conocimientos básicos, de forma que el proceso de enseñanza y aprendizaje pueda adquirir el carácter individualizado que estos ciclos de Formación Profesional Básica requieren.

7. Durante el desarrollo del ciclo de Formación Profesional Básica, cada profesor o profesora hará el seguimiento y evaluación de los componentes formativos que imparta, dejando constancia por escrito de los resultados en las reuniones que el equipo educativo mantenga periódicamente con este fin y que serán coordinadas por el tutor o tutora. Habrá al menos tres sesiones de evaluación durante cada uno de los cursos que dure el ciclo de Formación Profesional Básica.

8. El alumnado matriculado tendrá derecho a dos convocatorias anuales, durante el máximo de cuatro cursos que podría estar matriculado en el ciclo formativo.

Instrumentos de evaluación

- Tareas diversas realizadas por el alumnado en la actividad diaria de la clase.

- Cuaderno de clase del alumno.

- Actividades de evaluación (libros de lectura, pruebas escritas individuales…).

- Trabajos de grupo.

- Actividades de expresión escrita.

- Lectura comprensiva de textos de diferentes tipologías y de diversos géneros

- Preguntas individuales y grupales.

- Participación del alumno/a.

- Intervenciones en la clase.

- Puestas en común.

- Pruebas orales individuales.

- exposiciones, debates.

- Listas de control de asistencia.

- Registros de incidencias.

- Ficha de registro individual.

Criterios de calificación

La calificación de los módulos se expresará en valores numéricos de 1 a 10, sin decimales. Se considerarán positivas las iguales o superiores a 5 y negativas las restantes.

1. **Para aprobar:** el comportamiento en clase del alumno debe ser adecuado, mostrando respeto en todo momento por todos los miembros de la comunidad educativa, las instalaciones y los materiales, así como por todas las normas del centro.

2. **Nota de evaluación:** el examen o exámenes orales constituirán el 40% de la evaluación, el examen o exámenes escritos, también el 40%, y la participación, el 20%. Dentro del apartado de participación se tendrán en cuenta los trabajos obligatorios y otras anotaciones que la profesora estime oportuno tener en cuenta para favorecer el aprendizaje.

3. **Recuperación de exámenes o trimestres suspensos:** no hay repetición de exámenes suspensos; aprobar una evaluación supone recuperar, automáticamente, las anteriores que puedan estar suspensas.

4. **Recuperación de cursos anteriores suspensos:** Este es el primer año que se imparte FPB, por lo que no existen alumnos suspensos de cursos anteriores, pero un ejemplo que podría servir para cursos próximos puede ser el siguiente: los alumnos que tengan suspenso el MÓDULO de un curso anterior podrán realizar un trabajo que les permitirá recuperar la asignatura/módulo. Este trabajo se realizará preferiblemente en el primer trimestre. No obstante, los alumnos que aprueben un trimestre del curso en que están matriculados habrán recuperado automáticamente el módulo que puedan tener suspenso de cualquier curso anterior. Por otra parte, en el mes de febrero

habrá un examen de recuperación de pendientes al que se podrán presentar los alumnos con la asignatura pendiente si no la han recuperado aún.

5. **Trabajo voluntario:** para favorecer la dedicación a la asignatura de los alumnos más interesados se proporcionará la posibilidad de realizar trabajo "extra" que permitirá subir nota en la medida en que cada profesora estime oportuno.

6. **Redondeo de la calificación:** cuando la nota de evaluación tenga decimales, para el redondeo se tendrá en cuenta la participación y el esfuerzo del estudiante.

7. **Prueba extraordinaria:** los alumnos que no hayan aprobado la tercera evaluación deberán realizar la prueba extraordinaria en la fecha que determine el instituto. Esta prueba será similar a los exámenes escritos realizados durante el curso.

PROMOCIÓN

El alumnado para poder promocionar a segundo curso en régimen ordinario deberá tener superado el módulo profesional de Comunicación y Sociedad I y siempre que la junta de evaluación determine que puede continuar estudios con aprovechamiento y se garantice un plan de recuperación que le permita superar el módulo que no está superado.

3. El alumnado podrá permanecer cursando un ciclo de Formación Profesional Básica en régimen ordinario durante un máximo de cuatro años, asimismo podrá repetir el mismo curso una sola vez. Excepcionalmente, podrá autorizarse la repetición por segunda vez de un mismo curso, previo informe del equipo docente.

Evaluación del proceso de enseñanza- aprendizaje

En la clase

Al principio de cada tema se indicarán los objetivos que se persiguen y se explicarán los requisitos para una evaluación positiva (ejercicios que deben estar en el cuaderno, actividades del libro de lectura, así como el instrumento de evaluación que se va a utilizar y la fecha de examen o de entrega del trabajo obligatorio. Al final del tema los alumnos incluirán en la libreta una breve reflexión sobre su aprendizaje y las dificultades encontradas, así como una valoración de las actividades que les han parecido más o menos interesantes.

Al final de cada evaluación la profesora compartirá con los alumnos una reflexión sobre el progreso del grupo, los objetivos alcanzados y los que se espera alcanzar en el siguiente periodo.

También se realizarán encuestas y se pasarán cuestionarios de autoevaluación.

En el departamento

Al menos una vez por trimestre se analizarán los resultados académicos, el nivel de interés y motivación en las aulas, las dificultades encontradas y el grado de satisfacción con el nivel de progreso obtenido. Asimismo se revisará la dedicación en el aula a las distintas destrezas y competencias, se pondrán en común actividades o propuestas de trabajo y se comprobará la adecuación de los instrumentos de evaluación a los objetivos de enseñanza y aprendizaje.

7. MEDIDAS DE ATENCIÓN AL ALUMNADO CON NECESIDAD ESPECÍFICA DE APOYO EDUCATIVO O CON NECESIDADES DE COMPENSACIÓN EDUCATIVA.

1. De conformidad con lo establecido en el artículo 71 de la Ley Orgánica 2/2006, de 3 de mayo, de Educación se aseguran los recursos necesarios para que el alumnado que requiera una atención educativa diferente a la ordinaria por presentar necesidades educativas especiales pueda alcanzar el máximo desarrollo posible de sus capacidades.

2. Para dar respuesta educativa adecuada para el alumnado con necesidades educativas especiales en Formación Profesional, se estará a lo dispuesto en la Orden de 14 de marzo de 2005, de la Consellería de Cultura, Educación y Deporte, por la que se regula la atención al alumnado con necesidades educativas especiales escolarizado en centros que imparten educación secundaria (DOGV 14.04.2005).

3. Se podrán hacer adaptaciones curriculares destinadas a la adquisición de competencias lingüísticas para aquellas personas que presenten dificultades de expresión, tanto en su programación como en su evaluación.

En ningún caso, dichas adaptaciones supondrán una reducción ni eliminación del nivel y cantidad de los resultados de aprendizaje establecidos en el título de Formación Profesional Básica.

2. Las Administraciones educativas promoverán medidas metodológicas de atención a la diversidad que permitan a los centros, en el ejercicio de su autonomía, una organización de las enseñanzas adecuada a las características de los alumnos y las alumnas, con especial atención en lo relativo a la adquisición de las competencias lingüísticas contenidas en los módulos profesionales de Comunicación y Sociedad I y II para los alumnos y las alumnas que presenten dificultades en su expresión oral, sin que las medidas adoptadas supongan una minoración de la evaluación de sus aprendizajes

Respuestas educativas a los alumnos con problemas de acceso a los recursos por situación de desventaja social.

Podemos actuar de la siguiente manera:

- Disponer de algunas unidades de estos recursos como material del centro para facilitárselo a los alumnos en dicha situación.

- En coordinación con el equipo directivo del centro, poner la situación en conocimiento de los servicios municipales que atienden estas circunstancias con el fin de que puedan actuar facilitando a los alumnos los recursos educativos que necesitan.

- omentar el préstamo de recursos entre compañeros, desarrollando actitudes de solidaridad y compañerismo.

8. Fomento de la lectura (ampliación necesaria)

La programación contempla la adquisición de estrategias de comprensión lectora mediante: la lectura silenciosa y en voz alta de libros en clase, así como de resúmenes y textos breves.

Se propondrán tres libros complementarios de libre elección y la elaboración de una ficha de lectura.

Se usará la biblioteca una vez cada quince días.

Se participará en el plan de fomento de lectura del centro.

9. Utilización de las TICS (ampliación necesaria)

Una de las notas características de los últimos años es, sin lugar a dudas, una revolución tecnológica que ya está produciendo cambios radicales en el control y el tratamiento social de la información y en los mecanismos de la comunicación. El planteamiento de esta programación didáctica no está al margen de esta revolución tecnológica de la información y es por ello que el uso de las tecnologías de la información y la comunicación será frecuente en la clase.

Usaremos el aula de informática para buscar información y hacer presentaciones de las unidades. También se usará el teléfono móvil como diccionario y como grabadora para los ejercicios de expresión oral de la lengua extranjera.

Todos los alumnos dispondrán de un correo gmail para poder compartir materiales a través de google drive.

10. Recursos didácticos y organizativos

Artículo 21. Espacios y equipamientos.

1. Los espacios y el equipamiento mínimo necesarios para el desarrollo de las enseñanzas de los ciclos de Formación Profesional Básica quedan establecidos en los anexos por los que se regulan cada uno de los títulos profesionales básicos.

2. Espacios y equipamientos deberán garantizar el desarrollo de las actividades de enseñanza que permitan la adquisición del conjunto de los resultados de aprendizaje incluidos en cada título.

3. Los espacios dispondrán de la superficie necesaria y suficiente para desarrollar las actividades de enseñanza que se deriven de los resultados de aprendizaje de cada uno de los módulos profesionales. Además, deberán cumplir las siguientes condiciones:

   a. La superficie se establecerá en función del número de personas que ocupen el espacio formativo, y deberá permitir el desarrollo de las actividades de enseñanza aprendizaje con la ergonomía y la movilidad requeridas dentro del mismo.

   b. Deberán cubrir la necesidad espacial de mobiliario, equipamiento e instrumentos auxiliares de trabajo.

c. Deberán respetar los espacios o superficies de seguridad que exijan las máquinas y equipos en funcionamiento.

d. Cumplirán la normativa sobre prevención de riesgos laborales, la normativa sobre seguridad y salud en el puesto de trabajo y cuantas otras normas sean de aplicación.

e. Podrán ser ocupados por diferentes grupos que cursen el mismo u otros ciclos formativos o etapas educativas. La diferenciación de los diversos espacios formativos podrá realizarse sin necesidad de cerramientos, salvo cuando así lo requieran la racionalidad de la oferta educativa y la economía en la gestión de los recursos públicos.

4. Los equipamientos han de ser los necesarios y suficientes para garantizar a los alumnos y las alumnas el logro de los resultados de aprendizaje y la calidad de la enseñanza. Además, deberán cumplir las siguientes condiciones:

a. El equipamiento dispondrá de la instalación necesaria para su correcto funcionamiento, y cumplirá con las normas de seguridad y prevención de riesgos y con cuantas otras sean de aplicación.

b. La cantidad y características del equipamiento deberán estar en función del número de personas que lo han de utilizar y permitir el logro de los resultados de aprendizaje, teniendo en cuenta los criterios de evaluación y los contenidos que se incluyen en cada uno de los módulos profesionales que se impartan en los referidos espacios.

5. Las Administraciones competentes velarán para que los espacios y el equipamiento sean los adecuados en cantidad y características para el desarrollo de los procesos de enseñanza y aprendizaje que se derivan de los resultados de aprendizaje de los módulos correspondientes, con el fin de garantizar la calidad de estas enseñanzas.

Materiales y recursos didácticos.

Para desarrollar las diferentes unidades didácticas se utilizarán varios soportes, todo ello para que el proceso de aprendizaje resulte atractivo, para lo cual se utilizarán los siguientes recursos:

- <u>Recursos impresos</u>: libros, fichas, apuntes generados por la profesora, prensa, revistas de cocina...

- <u>Recursos simbólicos</u>: pizarra, transparencias...

- <u>Recursos audiovisuales</u>: vídeo, retroproyector para proyectar transparencias, proyector de diapositivas, cañón para el ordenador,...

- <u>Recursos experiencias directas</u>: colección de recetas etc.

- <u>Recursos estructurales</u>: su aula de referencia será la 324, aula de informática, biblioteca, salón de actos, huerto.

- <u>El entorno como recurso</u>: se visitarán exposiciones y zonas donde se pueda elaborar paella con leña.

En este grupo se trabajarán materiales propios de la profesora y el alumnado deberá elaborar un cuaderno especial en el que realizará las actividades y que deberá presentar al profesor al término de la unidad para ser evaluado, por lo que deberá cuidar su orden y limpieza. Será conveniente que en él exista un apartado de vocabulario donde el alumno anote aquellos términos propios del vocabulario de cada lengua. El alumno podrá hacer uso del teléfono móvil en presencia de la profesora como diccionario.

11. Actividades complementarias y extraescolares (ampliación necesaria)

Se prevé realizar una excursión, junto con el tutor del grupo a las Fuentes del Algar y a Bolulla para la elaboración de una paella con leña. Esta excursión está prevista para el viernes 13 de febrero con salida a las 08:30 y regreso a las 14:30 horas.

Bibliografía

<u>Legislación:</u>

- LEY ORGÁNICA 2/2006, de 3 de mayo, de Educación (BOE Núm. 106 de 4 de mayo de 2006).

- La Ley Orgánica 8/2013, de 9 de diciembre, para la Mejora de la Calidad Educativa, **(LOMCE)**

- El Real **Decreto 127/2014, de 28 de febrero**, por el que se regulan aspectos específicos de la Formación Profesional Básica.

- El Real Decreto 356/2014, de 16 de mayo, por el que se establecen siete títulos de Formación Profesional Básica del **Catálogo** de títulos de las enseñanzas de Formación Profesional

- Decreto 69/2007, de 29 de mayo, que establece el currículo de Educación Secundaria Obligatoria.

WEBGRAFÍA

http://iesmediterrania.edu.gva.es

http://englishiesmediterrania.wordpress.com/

http://isabelmontiel.edu.umh.es

http://elblogdelingles.blogspot.com.es/

Libros:

- Alcaraz, Enrique y Moody, Bryn (1983). Didáctica del inglés, metodología y programación. Madrid, Alhambra.

- **Cuadernos de Educación de Cantabria, Nº 6. Las competencias básicas en el área de lenguas extranjeras.**

- **(MCER)Marco común europeo de referencia para las lenguas: aprendizaje, enseñanza y evaluación (2002). Madrid,**

- **Pérez Gómez, A.I. (2007): Las Competencias Básicas: su naturaleza e implicaciones pedagógicas (Cuaderno de Educación nº 1)**

- **SCHOEBERLEIN, D. (2009). Mindful Teaching and Teaching Mindfulness. Wisdom Publications. Boston. USA**

- **VAELLO, J. (2009). El profesor emocionalmente competente. Un puente sobre "aulas" turbulentas. Barcelona: Graó.**